テンプル騎士団

佐藤賢一

Sato Kenichi

a pilot of wisdom

目次

はじめに

パリのタンプル

フランスの首都パリに、タンプルという地名がある。

どまんなかのシテ島からセーヌ河を右岸に渡り、川沿いを少し東に進むと、左手に現れるのがパリ市庁舎である。建物の正面が西向きなので、敷地の西側が広場になっているが、これを歩いて北に抜けると、リヴォリ通りに出る。東西に走る右岸の目抜き通りだが、これも渡り、いうところのマレ地区を進むと、さらに北に抜けていく通りに入ることができる。まずは、これがタンプル通りである。

タンプル通りを北に北に、区割でいえば三区に向かって進んでいくと、ほどなく右手にタンプル広場がみつかる。タンプル市場とか、タンプル古着街などもあったりする。さらに進むとテュルビゴ通りに合流するが、付近には地下鉄タンプル駅もみつかる。タンプル、タンプル、タンプルと、どうしてこんなにタンプルかというと、かつて界隈《かいわい》に「タンプル」と呼ばれた施

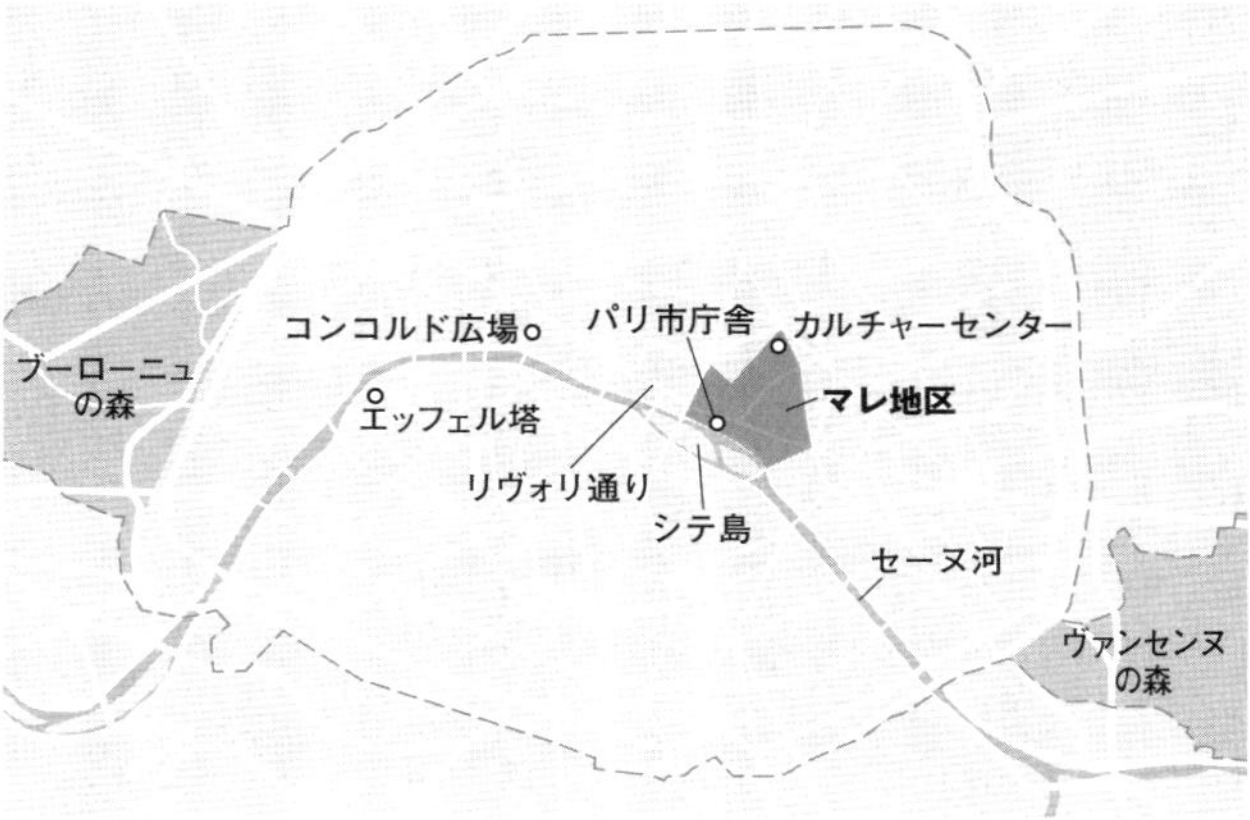
コンコルド広場
パリ市庁舎
カルチャーセンター
ブーローニュ
の森
エッフェル塔
マレ地区
リヴォリ通り
シテ島
セーヌ河
ヴァンセンヌ
の森

パリ全図

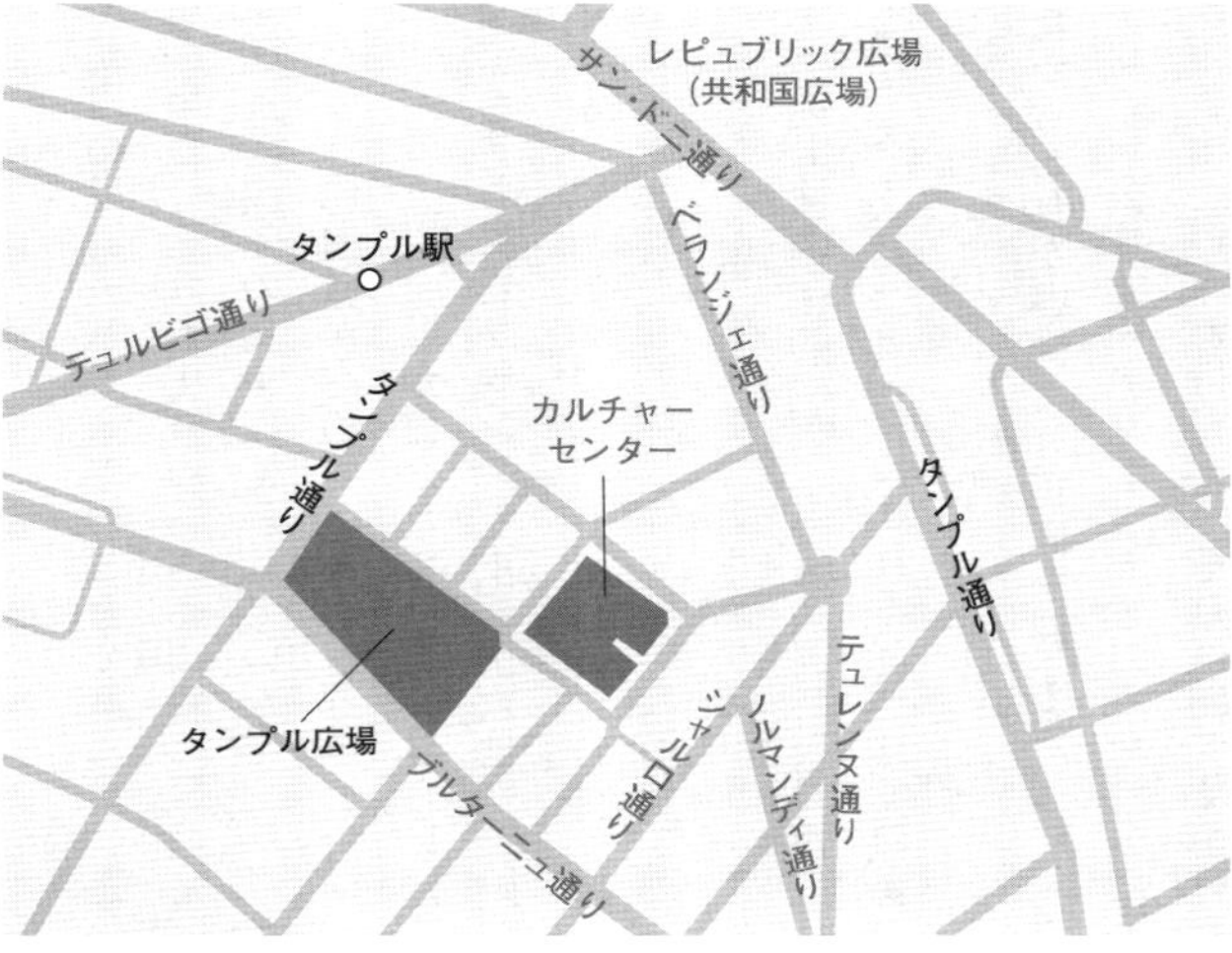
レピュブリック広場
（共和国広場）
サン・ドニ通り
ベランジェ通り
タンプル駅
テュルビゴ通り
タンプル通り
カルチャー
センター
タンプル通り
テュレンヌ通り
タンプル広場
シャルロ通り
ノルマンディ通り
ブルターニュ通り

タンプル区画

設があったからだ。

そんなに昔の話ではない。最終的に取り壊されたのは、一八五三年のことである。昔といえば昔だが、日本の歴史に準《なぞら》えれば、ほんの幕末の頃だ。それも史跡ならざる現役の建物で、一八四八年から取り壊しまでは、民兵組織である国民衛兵隊の兵舎に使われていた。

その前は「常時聖体拝礼のベネディクト会」という修道会が占めていた。もうひとつ前、ナポレオン帝政下の一八一二年から一四年までは、宗教大臣官邸が置かれていた。さらに遡るフランス革命期には牢獄《ろうごく》として使われていて、廃位させられたフランス王ルイ十六世や王妃マリー・アントワネット、その王子王女が幽閉されていたのが「タンプル」だった。

それは王侯貴族の屋敷が政府に接収されて、しばしば公的施設に転用された時代である。「タンプル」もご多分に洩れず、革命の前まではルイ十六世の末弟、アルトワ伯シャルルの屋敷だった。王政復古期のフランス王、後のシャルル十世のことだが、当時は遊び人で知られた王弟である。「タンプル」は普段暮らすヴェルサイユから気まぐれに訪れる、パリでの夜の生活のために使われたのだ。

そういえば、当時は些《いささ》か不謹慎な感があったかもしれない。より正確を期すならば、「タンプル」の持ち主はアルトワ伯の息子、アングーレーム公ルイ・アントワーヌだった。手に入れた一七七六年には僅《わず》かに一歳で、形ばかりのオーナーというわけだが、それは同じく形ばかりに聖ヨハネ騎士団の総長になったからである。我が物にした「タンプル」は、元々は聖ヨハネ騎士団の所有に帰していたのだ。

由来を中世に遡る、なんとも古めかしい団体の名前が出てきた。実際のところ、聖ヨハネ騎士団は十四世紀初頭から五百年になんなんとする長きにわたり、「タンプル」を自分のものとしてきた。が、それならば界隈も「サン・ジャン（聖ヨハネ）」とか、病院《オピタル》騎士団という別名に因《ちな》んで「オピタル」くらいに呼ばれていてよさそうなものだ。

そうではなくて、何故《なにゆえ》に「タンプル」なのかといえば、聖ヨハネ騎士団の前の持ち主、そもそもこの施設を建設したのがテンプル騎士団、同じく中世に創設され、なかんずく隆盛を誇った、あのテンプル騎士団だからなのだ。

なんのことはない、フランス語の「タンプル」は、英語の「テンプル」である。「神殿」の意味で、騎士団の正式名称である「キリストとソロモン神殿の貧しき戦士たち（Pauperes commilitones Christi Templique Solomonici）」から来ているが、テンプル騎士団の名前のほうが知られているようなので、それで通す。

さておき、この団体がパリに置いた支部、フランス管区の本部にして、管区長の座所とされた施設に因んで、それは「タンプル」と呼ばれることになった。同じようにイングランド管区の本部が置かれていたので、ロンドンにも「テンプル」の地名がある。蛇行するテムズ河の北岸、西にバッキンガム宮殿やウェストミンスター寺院、東にセント・ポール大聖堂や金融街シティを置く本当の中心街で、こちらでは今なおテンプル教会が健在だ。

中世の「タンプル」

パリに話を戻そう。テンプル騎士団がパリに支部を置いたのは十二世紀、一一四〇年頃のことだと伝えられる。パリでも当初はもっとセーヌ河に近い都心、それこそパリ市庁舎のすぐ東、当時あったサン・ジャン・アン・グレーヴ教会の裏手に、「悪魔に放屁《ほうひ》（Pet au Diable）」という四角柱の塔を建てていた。

遅くとも一二三三年には、もう少し先のサン・ジェルヴェ教会の東側に、穀物倉も設けていた。こちらの界隈には「旧タンプル（Vieille du Temple）通り」の地名が残されている。新タンプルが、早ければ一一七〇年頃から築かれていたからだ。これが「タンプル」で、その十四世紀初頭にかけての様子を、わかるかぎりで描写していこう。

パリの「タンプル」というが、実はパリの外である。フィリップ二世というフランス王が一一九〇年に始まる大工事で、パリ市をぐるりと囲む城壁を建てたからだ。厚さ三メートル、高さ十メートルの城壁に、直径六メートルの円柱塔を六十七基も組みこみ、総延長五千四百メートルでセーヌ右岸、左岸どちらも囲んだ画期的な普請だったが、これで「タンプル」は壁の外にされたのだ。

されたというが、それまでのパリ城壁——古代ローマ時代のものに手を加えて使っていたパリ城壁は、より小規模なものだったので、当然ながら「タンプル」は壁の外だった。土台が守られていたわけではない。フランス王に守るべき義理があったわけでもない。それというのもパリの北東、パリ盆地も今のモンマルトルとなって迫り上がる山というか、丘の連なりまでの間に広がる土地は、ほとんどがテンプル騎士団の所有地だった。今も「マレ地区」というように、セーヌ右岸のこのあたりは河岸の「沼地《マレ》」だった。そこに排水を施し、耕地に整え、人が住めるようにしたのは、フランス王でも、パリ市でもなく、テンプル騎士団なのである。

その土地の一角に支部の建物を置いたはいいが、何もない平原にポツンと独り立つ体《てい》だ。これはうまくないと、テンプル騎士団は自前で城壁を築いて、自らの拠点をすっかり取り囲んでしまった。それが「タンプル屋敷（maison du Temple）」とか、「タンプル囲い（enclos du Temple）」とか呼ばれていた、いうところの「タンプル」なのである。

より正確に今日の地図に重ね合わせれば、一辺が今のタンプル通り、テュルビゴ通りとの合流点から南西に下がって、ブルターニュ通りとの交差点までの約三百メートルになる。そのブルターニュ通りが二辺目で、タンプル通りとの交差点から南東に進み、カファレリ通りとの交差点のあたりまでの約二百メートルが相当する。そこから北東に上って、シャルロ通りとノル

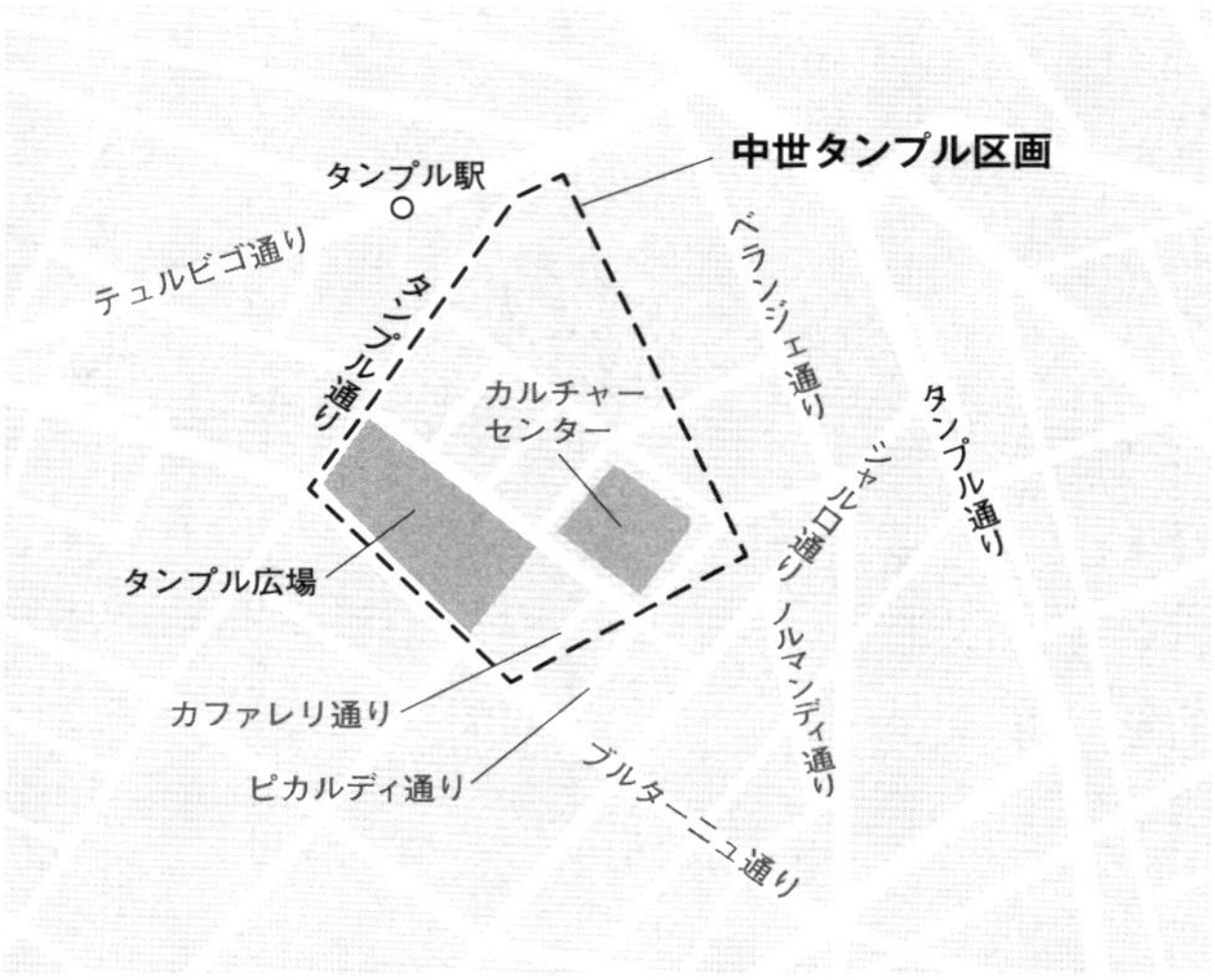

現代のマレ地区に中世のタンプル区画を重ねた地図

マンディ通りの交差点の手前にいたる斜めのライン、つまり後の区画整理で道路でなくなった約二百メートルが三辺目で、そこからベランジェ通りとほぼ平行に五十メートルほどずれた、やはり今は建物がある区画を北西に貫いて、タンプル通りとテュルビゴ通りの合流点に達する約三百二十メートルが四辺目になる。

鳥瞰《ちょうかん》すると少し歪《いびつ》な四角形を描く城壁は、総延長で約千五十メートル、厚さは王のパリ城壁を凌《しの》ぐ四メートルと伝えられる。銃眼まで設けられた幕壁で、そこに張り出し付きの円柱塔が全部で二十ほど組みこまれていた。

入口が南西の角のあたりで、壕《ほり》が掘

られたところに跳ね橋がかかっていた。渡った先が楼閣の城門で、左右とも石組みの塔を備える建物になっていた。左側、つまり北側の建物は、牢獄まで備えていた。城壁に守られた敷地は約六ヘクタール、そのなかに入ると、行く手にL字の建物が現れる。納骨堂だ。さらに奥に進むと、敷地のほぼ中央に聳《そび》えていたのが、「神殿の聖母マリア教会」という聖堂だった。

鐘楼《しょうろう》を備えた、ドーム屋根の円形部分が特徴的な建物で、エルサレムの聖墳墓教会に範を取ったものとされる。十三世紀後半には内装に手が加えられ、西側の玄関内側には大きな演壇が設置された。内陣にも長さ三十八メートル、高さにして二十メートルという階段が設けられ、飾り格子があしらわれた窓の並びは、シテ島にフランス王家が建てたサント・シャペル教会と、その豪壮華麗さを競ったと伝えられる。

聖堂の北側にある東西に横長の建物は、これも納骨堂だった。さらに北側に並んでいたのが礼拝堂だが、その礼拝堂の東側に聳えていた、高さ二十メートルほどの四角柱が、十二世紀半ばに建てられたとされる「コロンビエ塔（tour de Colombier）」、あるいは「古い」という意味で古代ローマの英雄の名前が与えられた「カエサル塔（tour de César）」である。塔の北が病院の建物になるが、まだ敷地に大分余裕がある。あとの大方が葡萄棚《ぶどうだな》になっていて、関連の倉庫が二棟ほど並んでいたようだ。

聖堂の南側だが、まず墓地のスペースが確保されている。いくらか置いたところで、人の目を引いていたであろう建物が、管区長館（maison du Maître）である。白亜の列柱廊が芝草の中庭を囲んでいる壮麗な居住施設で、後世大臣官邸、修道院、兵舎等として使われていたのがこれだ。当時は騎士たちが寝食する生活スペースだった。

管区長館の東に並んでいたのが、こちらは「大塔（Grosse Tour）」と呼ばれていた施設である。十三世紀後半、一二七〇年代から九〇年代にかけて建てられた建物で、屋根裏を別にして五階建てを数え、高さは約四十メートルに達した。

四角柱の建物だが、その四隅には同じ高さの円柱塔が組みこまれていた。北側の一面には「小塔（Petite Tour）」と呼ばれる建物を沿わせ、円錐形《えんすいけい》のとんがり屋根を、主塔にひとつ、円柱塔に四つ、小塔の左右に二つと、都合七つも並べた威容である。裾は水堀で囲まれ、井戸、竈《かまど》、地下室、風車まで備えた大塔は、それ自体が独立の軍事施設、まさに天守閣なのである。

単に「タンプル塔（tour du Temple）」といえば、この大塔のことになる。革命期に牢獄として使われ、ルイ十六世一家が囚《とら》われていたのもここだ。王と王妃が処刑された後は、皇帝ナポレオンが王党派の「巡礼地」にされることを恐れて、一八〇八年に取り壊してしまった。南側にもまだ余裕があるが、こちらは専《もっぱ》ら庭園になっていたとされる。

城壁、城門、塔、天守閣と軍事施設があり、聖堂、墓地、礼拝堂、納骨堂と宗教施設があり、なにより居住施設がある。かかる「タンプル」には、テンプル騎士団の騎士が百人から二百人

中世の「タンプル」
写真提供：Rue des Archives / PPS通信社

いたという。個々に服する従士や、司祭、医師など諸々《もろもろ》の関係者を含めると、常時数百人の人間が暮らしていたことになる。

　中世ヨーロッパの感覚では、すでにして都市だ。いや、なお城の規模にすぎないと退けても、これがパリのすぐ外で、パリと並んでいたことは、依然奇妙な光景といってよい。城という権威権力の象徴である建物は、普通は近接して建てられはしないからだ。

　従属関係にあるというなら、わかる。しかし、テンプル騎士団はフランス王に仕えていたわけではなかった。フランス王の家臣でも封臣でも身内でもなく、はたまたパリ市に雇われているわけでもない。フランス王に守ってもらえないが、パリを守る義務もなかったのだ。

仮に敵ではないとしても、全くの部外者である。「タンプル」とそれに付属する土地では、パリ国王代官所の裁判権も、パリ司教の裁治権も及ばなかった。治外法権を誇る今日の大使館のような、いや、むしろ米軍基地のような施設が、パリの目と鼻の先に城を構えていた。何かの拍子で敵対すれば、パリは喉元にナイフを突きつけられる状態、まさに一九六二年のキューバ危機におけるアメリカのような状態になる。

もちろん、パリのほうが大きい。城壁に囲まれた敷地は、二百五十ヘクタールを数える。しかし個別の軍事施設、例えば同じ十三世紀にパリの西門、サン・トノレ門の出丸《でまる》として築かれたルーヴル城と比べると、「タンプル」のほうが七倍も大きかった。十三世紀の話で、イングランド王ヘンリー三世がフランス王ルイ九世を訪ねたときには、「パリで最も安全な逗留先《とうりゅうさき》」として「タンプル」に宿泊しているから、その実力のほども知れる。フランス王の城には泊まれない、仲の良いふりをしても、土台が敵同士という事情があったかもしれないが、他方のフランス王フィリップ四世なども一三〇六年末、パリの民衆に蜂起されると、自身がまっさきに「タンプル」に逃げこんだりするのである。

権威という点では、どうか。パリ周辺で最も高い建物は、実のところ「タンプル」の大塔だった。フランス王のルーヴル城も、シャトレ塔も及ばない。パリ司教のノートルダム大聖堂はまだ未完成だったが、完成しても三十二・五メートルに留《とど》まり、大塔の四十メートルにはかなわない。旅人は「タンプル」を目印にパリを訪れた、と伝えられるほどだ。
そんなこんなを考えていくと、奇妙というより、解《げ》せないと頭を抱える。パリにあってさえ、フランス王にも、パリ司教にも、パリ市にも顔色を失わせるテンプル騎士団とは、いったい何だったのだろうかと。

テンプル騎士団といえば、そもそも謎で知られている。団員しか知らない秘儀があったとか、異端の教義を伝えていたとか、はたまた隠し財宝がある、秘密結社として今も続いている、姿を変えてフリーメイソンになっている、等々、等々だ。謎解き本が出たり、小説が書かれたり、映画にされたり、テレビのドキュメンタリー番組に取り上げられたりで、なるほど、それとして興味深い話である。が、パリに「タン

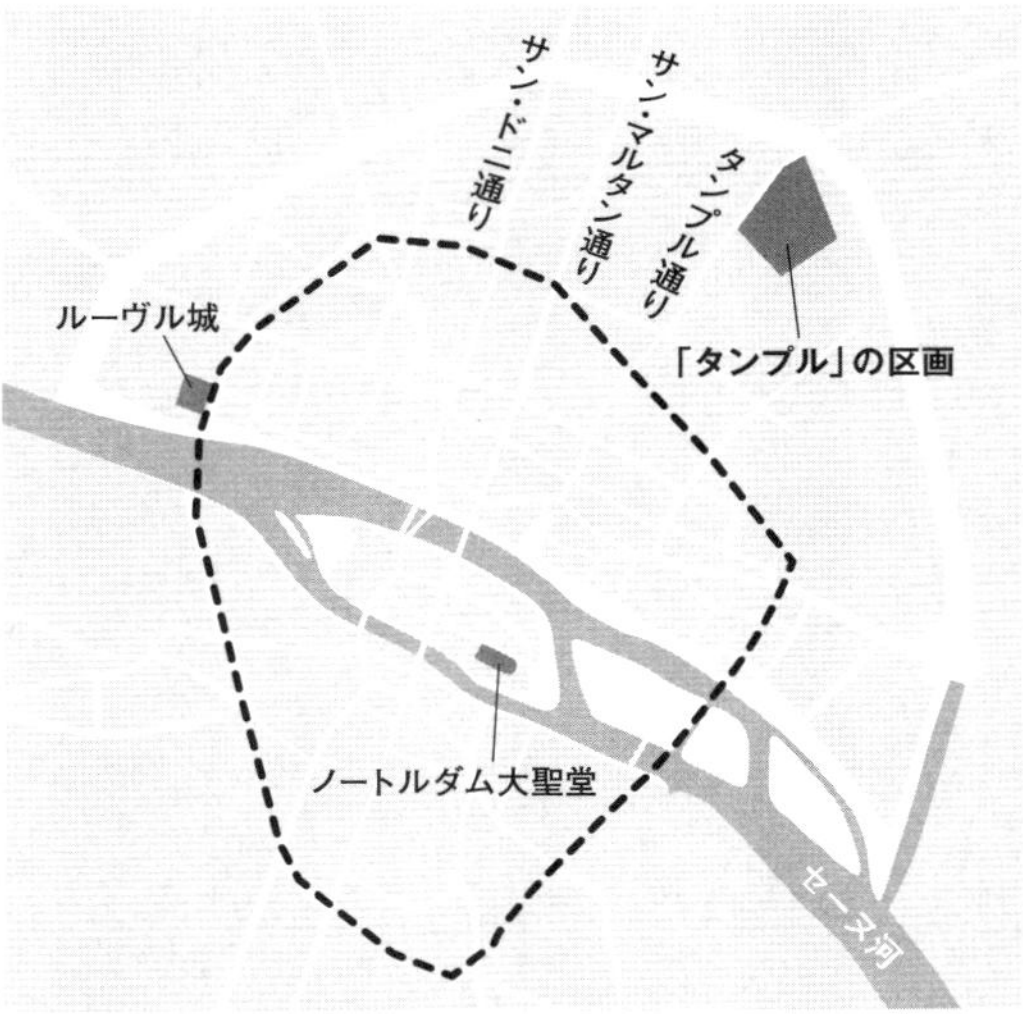

中世のパリと「タンプル」の位置関係

プル」のような施設を構えていたこと自体が、すでにして大いなる歴史の謎なのだ。

いや、これだけ特異な、特権的ともいえる地位を築きながら、滅びて今に伝わっていない、かろうじて十四世紀は迎えたものの、十五世紀は迎えられずに滅びたという史実からして、もう不可解である。テンプル騎士団という存在自体の謎に迫る前に、まず破滅の道を歩んだ、あるいは歩まされた事件を、ドキュメントしていくことにしよう。

第一部　テンプル騎士団事件——前編

十三日の金曜日

一三〇七年十月十三日、テンプル騎士団第二十三代総長（grand maître／grand master）、ジャック・ドゥ・モレーはパリの「タンプル」にいた。

そこに暮らしていたのではない。パリ住まいでなく、フランスに定住する身ですらなかった。ブールゴーニュ伯領、つまりは現代のフランシュ・コンテ地方の出身だが、そこもフランス語圏でありながら、まだフランス王国には含まれず、厳密にいえばドイツだった。いずれにせよ関係ないというのは、もう久しく故地を離れていたからだ。

総長は齢《よわい》六十四を数えていたが、早ければ一二七〇年、二十七歳のときから、遅くとも一二八二年、三十九歳の年には東方に出発し、地中海の東沿岸、キプロス、トリポリ、アッコンと今の中近東にかけた地域を転々としていた。イスラム教徒から聖地を奪還しようという戦い、

ジャック・ドゥ・モレー
写真提供：Rue des Archives / PPS通信社

いうところの十字軍に身を投じて、ジャック・ドゥ・モレーは異邦が長い男だったのだ。

　このときも、少し前までキプロスにいた。この地中海の東の果てに浮かぶ島には、当時テンプル騎士団の本部が置かれていたから、総長がいたのも当然の成り行きである。パリにいることのほうが常ない話で、フランスに来たのは一三〇六年の暮れ頃とされている。別して来訪したのは、六月六日付の手紙でローマ教皇クレメンス五世に呼び出されていたからである。

　直《じか》に話し合いたいと、持ちかけられた議題が二つあった。ひとつが十字軍活動の再建だ。実のところ、これがうまくいっていなかった。イスラム教徒の猛反撃に、東方におけるキリスト教徒の土地は次から次へと奪われて、一二九一年五月十八日にはアッコンまで占領された。今はイスラエル北西の地方都市だが、当時はキリスト教徒の一大拠点だった。中近東における最後の拠点でもあったが、それがイスラム教徒の攻囲に陥落を余儀なくされたのだ。

巻き返しを図りたいと、それはひとり教皇の願いであるに留まらない。テンプル騎士団の本部も、実はそれまでアッコンに置かれていた。陥落で泣く泣くキプロスに移したのであり、総長モレーも十字軍活動の再建そのものには、何の異存もなかったに違いない。

それでも教皇との話し合いには、前向きになれなかった。もうひとつ持ちかけられていたのが、騎士団の合併話だったからだ。

十字軍で戦う騎士団は、他にもあった。三大騎士団とされていたのが、テンプル騎士団、聖ヨハネ騎士団、チュートン騎士団（ドイツ騎士団）だったが、そのうち最初の二つを合併してはどうか、そのうえで十字軍活動の再建を考えないかと、それが教皇クレメンスの提議だったのだ。

一三〇七年五月、モレーは騎士団のフランス巡察使パイロー、プロヴァンス管区長ロシュら、在郷の役付たちを引き連れながら、ポワティエの教皇宮殿にクレメンス五世を訪ねた。持たれた会談では、やはり合併話に難色を示したと伝えられるが、なお結論は出されなかった。同じく呼び出されていながら、他方の聖ヨハネ騎士団総長フルク・ドゥ・ヴィアレは、まだ到着していなかったからだ。聖ヨハネ騎士団はロードス島を攻めていて、その征服が終わるまでは、総長も東方を離れられないというのだ。

話し合いは進まない。そのうち教皇クレメンスが体調を崩してしまった。モレーのフランス滞在は、思いがけずも長引きそうな気配になった。

ローマ教皇がいるポワティエから、フランス王がいるパリに動いたのは、十月十二日のことだった。フランス王フィリップ四世の弟に、ヴァロワ伯シャルルという有力者がいた。妻のカトリーヌ・ドゥ・クールトネを亡くしたばかりだが、その葬儀が十月十二日に執り行われると知らされたからである。カトリーヌ・ドゥ・クールトネは最後のコンスタンチノープル皇帝（ラテン皇帝）、ボードワン二世の孫娘にあたっていた。つまりは東方の関係者だ。皇帝の女相続人でもあり、皇位継承権は夫のヴァロワ伯シャルル、そして伯家の子供たちにも伝わる。共闘を図らなければならない日がくるかもしれないと、十字軍活動の再建を考えるテンプル騎士団総長としては、やはり礼を尽くしておきたいところだったのだ。

ヴァロワ伯妃の葬儀は、パリ市内サン・トノレ通りのジャコバン教会で行われた。フランス革命期にジャコバン・クラブが置かれた、あのジャコバン教会のことだが、なんのことはない、ドミニコ会の教会という意味である。この葬儀でテンプル騎士団総長モレーは、故人の霊柩《れいきゅう》天蓋を捧持《ほうじ》する数人のひとりに選ばれた。特別待遇の葬儀が終われば、すぐ「タンプル」に戻れる。パリの通りを丁寧に辿《たど》っていっても、三キロほどの道のりだ。管区長館の自室で眠りについたとき、モレーは何を考えていたろうか。

武装の一団が乗りこんできたのは、翌十三日の朝早くだった。十月のパリであれば、まだ暗かったに違いない。はびこる闇に何者とも知れなかったかと思いきや、そういうわけでもない。門番は城門で誰何《すいか》していて、フランス王家の国璽《こくじ》尚書《しょうしょ》(chancelier)ギヨーム・ドゥ・ノガレとその配下だと返事を得たので、あっさり門を開けたのだ。

フランス王家は敵ではない。前の日には総長が王族の葬儀に参列しており、つまりは身内の扱いだ。それくらいの気分だったのかもしれないが、兵団は「タンプル」のなかに雪崩《なだれ》こむと、まだ寝ていた騎士たちを次から次へと逮捕した。まさに一網打尽で、総長ジャック・ドゥ・モレー、キプロス総司令ランボー・ドゥ・カロン、フランス巡察使ユーグ・ドゥ・パイローら要人を含む、全部で百三十八人のテンプル騎士が、一挙に捕縛されてしまった。

ギヨーム・ドゥ・ノガレ
写真提供：Rue des Archives / PPS通信社

十三日の金曜日には不吉なことが起きる。キリストが処刑された日であれば、それまでも吉日とされてきたわけではないが、さらに進んで不吉なことが起きるといわれるようになったのは、この逮捕劇が始まりとされている。だから、解せない。まだ悪い予感を覚える習慣はない。怖気《おぞけ》に襲われ、あきらめる理由もない。

早朝の不意打ちだったとはいえ、武名高いテンプル騎士ともあろう者が、全くの無抵抗だった。百三十八人の騎士、従士の類《たぐい》を合わせれば、数百人の兵士がいたことになるのに、ひとりも腕力に訴えようとしていない。いくら敵ではないとはいえ、フランス王家の者と聞いて、あっさり開門してしまう門番の態度からして、腑《ふ》に落ちない。あるいはジャック・ドゥ・モレーは、この事態を予感——ではないにしても、予想くらいはしていたのかもしれない。そのうえで抵抗するべからずと、騎士たちに因果を含めていたのかもしれない。

告発計画

不愉快な噂《うわさ》、あるいは不穏な動きは、事実テンプル騎士団総長モレーの耳にも入っていた。始まりは、一三〇五年の初頭と考えられている。エスキウ・ドゥ・フロワイランという、南フランスの都市ベジエ生まれの男がいた。素性も定かならず、あまり褒められた輩《やから》でないというのは、同じ南フランスのアジャンでは入獄の経歴があるからだ。そこで同房になったのが、追放された元テンプル騎士だった。その口からフロワイランは、驚くべき告白を聞かされた。

「騎士団に入団するとき、とりわけ誓願式において、騎士たちはキリストの像を手渡される。この話を口にしなければならないのは、不幸であり、悲しき怒りをもってようやくするのだが、騎士たちはキリストを三度否定し、恐るべき残忍さで、その御顔に唾を吐きかける。続いて俗世で身につけていた衣服を脱ぎ、巡察使もしくは誓願を認可するその代理の前で裸になると、人間の尊厳に恥辱を与える行いながら、騎士団の瀆神《とくしん》の定めにしたがい、その者から三度の接吻《せっぷん》を受ける。最初に背中の脊椎、次に臍《へそ》、最後に口である。忌まわしき試み、厭《いと》うべき振る舞いで神の法を犯してしまえば、あとの連中は誓願の文言として述べた通り、人間たる矩《のり》を超えることも恐れず、互いに身体を与え合い、恐るべくも忌むべき背徳が欲するかぎり、決して拒むことをしない」

と、後日の逮捕命令に綴《つづ》られているから、これに近い内容だったろう。

事実なら、まさに醜聞発覚である。フロワイランも大騒ぎして、早速イベリア半島のレリダにいたアラゴン王ハイメ二世に密告した。が、証拠がみつかったら、金一封でも、年金でも、好きに褒美を取らせようといわれ、つまりは軽くあしらわれてしまう。当たり前だ。あることないこと並べ立て、王侯の歓心を買おうとする手合いなど、珍しくもなんともない。報われないフロワイランは、それから二年にもなんなんとする歳月を、あちらこちら放浪してすごしたようだ。

一三〇六年十二月頃にいたのが、パリだった。今度はフランス王に持ちかけたとも、そうではなくて不審者としてパリ代官所に逮捕されたのだともいうが、とにかく元テンプル騎士の告白だという話を、ここでもフロワイランは繰り返した。南フランスの訛《なま》りは聞きとりにくかったかもしれないが、同じ南フランス出身の王の側近、ギョーム・ドゥ・ノガレはそれを聞いた。折り返し、ノガレは王の耳にも入れた。それをフィリップ四世は取り上げた。ノガレにはさらに詳しい調査を命じ、自らはローマ教皇クレメンス五世に告発を届け出たのだ。

王がポワティエの教皇宮殿を訪ねたのが一三〇七年四月二十一日、パリに戻ると辞したのが五月十五日だが、このときモレーもポワティエにいて、やはり教皇宮殿に出入りしていた。となれば、テンプル騎士団総長の耳に入らないはずがない。告発されて、そのまま捨ておくモレーでもなかった。とんだ誹謗中傷《ひぼうちゆうしよう》だとして、六月二十四日にはパリに行き、まずはフィリップ四世に弁明した。教皇クレメンスに対しては、自ら騎士団を調査してくれるよう要請した。その経緯を教皇は、八月二十四日付の手紙で王に告げている。

「総長、それに支部長たちは、陛下の臣下である者も、外国の土地にいる者も、陛下が耳にされたような中傷を、やはり耳にしていました。その者たちは私のもとにやってくると、何度も足元に身を投げて、執拗《しつよう》なほど懇願したものでした。自分たちがかくも不正に批難されている事柄について、なんとしても調べてほしいと。罪ある者がいたならば、その罪を贖《あがな》わせなければばならないし、無罪とわかれば、この不名誉から解き放たれるのだからと」

怖気づいて小さくなるどころか、逆に詰め寄るモレーの、なんと強気であったことか。告発だか断罪だか知らないが、やれるものならやってみろと、あるいは恫喝《どうかつ》する勢いだったかもしれない。

さておき教皇クレメンスだが、フランス王と、当のテンプル騎士団総長にまでせっつかれて、調査を始めないわけにはいかなくなった。が、どうも積極的にというのではない。同じ八月二十四日の手紙で、調査は十月後半に開始する、自分は九月一日から病気の治療に入るので、十月十五日より前には使者をよこしてくれるな、とも書いているからだ。

結論は出ない。騎士団の合併問題と同じに、また待たなければならない。モレーは苛々《いらいら》しながらも、まだ終わったわけではないと、警戒心を緩めなかったに違いない。フランス王が再び仕掛けてこないともかぎらないと、あらかじめ用心していて不思議はない。そのとき暴力で応えては後ろ暗さの証《あかし》と取られる、無抵抗のまま、静かに、それでいて毅然たる態度で逮捕連行されたほうが、むしろ無実の証となる。そういう考え方をしていたとしても、驚くには値しない。逮捕されても、どうせ嫌疑は晴らされ、いよいよ潔白が証明され、間もなく釈放されるのだからと、楽観もあったかもしれない。

それが甘かった。フィリップ四世の計略は生半可なものではなかった。

Xデイ

まずもって、逮捕劇はパリだけではなかった。テンプル騎士団の支部は、フランス王国の全土に散在していた。これまでも管区長だの、巡察使だのと役付きが出てきたが、フランスにはノルマンディ管区、ポワトゥー・アキテーヌ管区、オーヴェルニュ・リムーザン管区、そしてパリに従うフランス管区と多く設けられていた。「タンプル」のような総支部が、管区内に散在する数多《あまた》の支部を束ねているというのが、テンプル騎士団の組織だったのだ。

フランス全土で、その数三千──と謳《うた》われたのは中世らしい誇張で、実際には七百ほどだったといわれているが、それにしても七百である。フランス王はその支部全てに兵を送り、テンプル騎士団の騎士という騎士を逮捕しようとしたというから、驚かされる。それも余所《よそ》から話を聞いて警戒されたり、急報を受けて逃亡されたりしないよう、十月十三日の一斉検挙だった。

全国規模の警察活動となると、恐らくは現代でも難しい。メールも、電話も、電報も、電信すらない中世において、全体どうすれば全土の一斉検挙などできるのか。

なんのことはない、フィリップ四世は十月十三日をXデイとして、実は一ヶ月前から動いていた。ポントワーズ近郊、モーブイッソン村のサント・マリー修道院に国璽尚書ノガレはじめ側近たちを集めると、九月十四日付で全土のバイイ、セネシャル、つまり王国各地に管轄を有している代官たちに、命令書を発していたのだ。「神の恩寵《おんちょう》によりてフランス人たちの王である フィリップは挨拶を送り、親愛の情を示す」と書き出し、前に引用したようなテンプル騎士団の罪状を、それはもうくどいくらいに長々と挙げ連ね、あげく以下のように厳命した。

「高位聖職者たち、朕《ちん》の王国の大領主たち、朕の顧問官たちと全体会議をもち、以上のような罪が論じられたので、朕は以下のように命令する。捕囚となし、教会の裁きのために身柄を確保するため、朕の王国に在するかの騎士団の成員は、その全員を一切の例外なく逮捕するべし。またその財産については、動産も、不動産も全て差し押さえ、朕の手に置かれるよう、誠実に保持するべし」

バイイ、セネシャルを助けるべく、王は側近も全国各地に派遣した。来《きた》るべきXデイに備えるために、それら特務官に与えた命令は、さらに詳細に及ぶ。

「第一に、現地に到着し、この件につきセネシャルら、バイイらに知らせたなら、（テンプル騎士団の）全ての居宅を秘密裡《ひみつり》に調査するべし。また必要に応じては疑われないための予防策として、十分の一税の関係だとか、もしくは別な口実を設けながら、他の修道会の居宅も調査せよ。そのあとは、予定の日の早朝にセネシャル、またはバイイと一緒に送られる者に、疑わしいところのない、騎士であるとか、村役人や評定衆など、土地の有力者を選ぶべし。その人数については、（テンプル騎士団の）居宅や倉庫の数に応じるものとする。それらの者には、秘密順守の宣誓をさせたうえで仕事の内容を明かし、また、王はこのことを教皇や教会からいわれたのだと因果を含めよ。それらの者は遅滞なく担当の各所に赴《おもむ》き、そこにいた者を逮捕し、財産を差し押さえ、また現場の保守に努めるものとする」

かくてフランス王国は十月十三日早朝、Xデイを迎えた。例えばシャンパーニュ地方、トロワ・バイイ区にあったパイヤン支部では、トロワ・バイイの命令で、近隣の騎士ジャン・ドゥ・ヴィヤルセルが逮捕に向かった。引き連れたのが十六スーの日給で雇った武装の捕吏で、騎馬の者、徒歩の者、合わせて四十人もいた。支部長ポンサール・ドゥ・ジジィの身柄を拘束し、さらに修道士や従士も逮捕したが、下働きの雇い人は相手にしなかったという。

ピカルディ地方のアラスでは、支部に乗りこんだのは兵士たちで、半数に当たる修道士や雇い人たちはその場で殺害、残り半数にあたる騎士や従士をパリに送った。ナジャックやカルカソンヌでは僅か五人、カオールでは七人、エーグ・モルトでは四十五人、ニームでは百五十人と、各支部の実情により逮捕者数もまちまちながら、いずれにせよパリのそれと完全に歩調を同じくして、Xデイは速やかに実行に移されたのだ。

もちろん、ひとり残らずとはいかなかった。パリでもフランス管区長ジェラール・ドゥ・ヴィリエルと四十人の騎士は事前に逃亡しているし、余所でもオーヴェルニュ・リムーザン管区長アンベール・ブランなどは、なんとか難を逃れている。ソワソン支部の騎士ジャン・ドゥ・

ヴォーヴランは、逮捕の計画を知らされていたと後に証言しているから、ことによると一ヶ月前からの周到な準備が裏目に出て、情報が洩れていたのかもしれない。

やはり無抵抗の逮捕劇にしても、それを予見したテンプル騎士団の側に、事前の申し合わせがあったとみるべきか。いや、逮捕などされるわけがない、ましてやフランス全土的な一斉逮捕などありえないと、あるいは本気にしなかったのかもしれないが、いずれにせよ、出た結果はあまりに衝撃的である。騎士だけで推計六百人、他も合わせると数千に達すると思われるテンプル騎士団の大多数が、その一日で身柄を拘束されてしまった。フランス王フィリップ四世は、ほぼ完璧に計略を遂げたのだ。

まさに見事の一語である。しかし、だ。それはフランス全土のXデイであって、ヨーロッパ全土のXデイではなかった。

他国では

テンプル騎士団の支部は、これも誇張を交えた数字で、全部で九千あるといわれていた。三千あるといわれたフランスは、最も多くの支部を置いた国ではあったが、それでも三分の一でしかない。実際は三千でなく七百にすぎなかったとしても、同じ比率で考えれば、残り千四百もの支部は外国にあることになる。

事実、ドイツ、ポーランド、ハンガリー、イングランド、イタリア、さらにイベリア半島のアラゴン、カスティーリャ、ポルトガルなど、テンプル騎士団の支部を抱える国々は、まだまだ多く残されていた。さすがのフランス王も、これら諸外国には手を出せない。

が、動いてほしいと、諸国の王侯に依頼することはできた。Xデイから三日後の十月十六日、フィリップ四世は変わらずの精力的な仕事ぶりで、諸外国に手紙を送った。テンプル騎士団の告発と逮捕に同調するよう呼びかけたわけだが、好意的な返事をくれたのは下ロレーヌ公ジャン、ジュリエ伯ジェラール、ケルン大司教の三人だけだった。

そんなはずはないと、フィリップ四世は驚いたかもしれない。少なくとも、イングランド王くらいは動くはずだと。娘のイザベル王女を嫁がせていたので、イングランド王エドワード二世は義理の息子だったのだ。ところが、エドワードは「朕の王国の高位聖職者たち、伯たち、大領主たちは、あなたが手紙で我々に伝えたような忌まわしくも最悪の犯罪が行われたなどと、とても信じられないといっております」とやんわり断り、なお一応は代官に調べさせてみますと加えて、お茶を濁すのみだった。

いうまでもなく、イングランドに逃げてきたオーヴェルニュ・リムーザン管区長、アンベール・ブランを引き渡す素ぶりなどない。舅《しゅうと》に内緒でポルトガル王、カスティーリャ王、アラゴン王、ナポリ・シチリア王らには「意地悪な中傷をする者の言葉に耳を貸すべきではありません。朕が思うに、件《くだん》の者たちは熱心に清きを求めているわけでなく、貪欲と羨望の気持ちに駆り立てられる類にすぎないからです」とも手紙を出す。

つまるところフランス以外の国々では、テンプル騎士団は十月十三日以後も、それ以前と変わることなく健在だった。フィリップ四世に従って、テンプル騎士の逮捕に動いたのは、ひとつナバラ王国のみだった。ピレネ山脈を跨《また》ぐ小さな山国だが、そこではフィリップ四世の長男王子、王太子ルイが王になっていたからだ。

さておき、テンプル騎士団の強気や楽観は、ここにも理由がみつけられる。すなわち、フランスにある支部が仮に全滅させられたとしても、それで直《ただ》ちにテンプル騎士団が全滅するわけではないと。他国の支部が残るかぎり存続できる、のみならず、それらの仲間が巻き返しをはかってくれると。他国の王侯は、それを応援することさえ躊躇《ちゅうちょ》しないかもしれないと。

事実、アラゴン王やリエージュ司教、ローマ王（戴冠前のドイツ皇帝）アルプレヒトなどは、フィリップ四世の先の手紙に、それは教会の管轄ではないか、教皇の権限ではないかと苦言を呈することで返事に代えている。告発の中身が異端の信仰、つまりは宗教問題であるかぎり、それを裁けるのは確かにカトリック教会のみである。泥棒でも、人殺しでもないならば、王などはお呼びでない。キリストを否定したとか、男色を嗜好《しこう》したとかいうが、それこそ大きなお世話なのだ。

フィリップ四世とて知らない道理ではなかった。Xデイに際しても、「異端の不品行に関する審問官であり、使徒の権威を代表する我らが兄弟ギョーム・ドゥ・パリ」という聖職者を立てていた。本名ギョーム・アンベールは、異端審問で名高いドミニコ会の出身で、自身も一三〇三年から北フランスにおける異端審問官となってきた。一三〇五年からは王の告解聴聞僧でもあったが、この「朕の協力を求めてきた異端審問官の審問によれば、騎士たちの間にあっては、ある者は有罪とみなしうるし、ある者は無罪であるが、事の重大さに鑑《かんが》み、また他の方法では事実の完全究明は不可能であり、かつかくも重大な嫌疑がいたるところに広がっているので」全員を逮捕することにしたと、九月十四日付の逮捕命令にも明記されている。

全国一斉逮捕を成功させるべく、ギョーム・ドゥ・パリ自身も九月二十二日付で、トゥールーズやカルカソンヌの異端審問官、さらに高位のドミニコ会士たちに手紙を送り、Xデイへの協力を依頼している。

宗教問題であるとの認識は、Xデイの後もあり続けた。十月十四日、フィリップ四世は声明文を出した。ルーヴル城の中庭にパリの人々を集めると、テンプル騎士団は背教の罪を犯した、キリストのペルソナ（三位一体）を侮辱した、入団式には破廉恥な典礼があった、男色を好んだ、バフォメ（マホメットの訛り）と呼ばれる偶像も礼賛していた等々と、ノガレに朗読させたりもしている。十五日には今度はシテ島の王宮に人を集め、王の役人とドミニコ会士がかわるがわる告発を吠《ほ》え立てたし、ノートルダム大聖堂の前庭には神学の殿堂パリ大学の教授たち、およそ六百十人を呼び集めて、その支持を得ようと運動した。

十月十九日にはギョーム・ドゥ・パリを首席検事として、王家が接収した「タンプル」に異端裁判所も開設された。が、いずれにせよ越権行為である。ギョーム・ドゥ・パリの権限を借りても届かない。そもそもローマ教皇の指示がなければ、異端審問官といえども動けないからである。パリの「タンプル」のところでも触れたように、テンプル騎士団は在地の司教裁治権からも逃れているからだ。それを裁くことができるのは、聖職者のなかでもローマ教皇だけなのだ。

ローマ教皇は

諸国の王侯に道理を説かれるまでもなく、ローマ教皇クレメンス五世は激怒した。フランス王には調査を待つよう伝えていたのに、その代官どもは滞在するポワティエでも、傲岸にXデイを実行したというのだから、もう我慢できない。

十月二十七日、教皇はフィリップ四世に抗議の手紙を送りつけ、裁判権は自分にあると主張した。逮捕されたテンプル騎士たちは、「タンプル」に閉じこめられたパリや、ペリゴールの七十人が収監されたドム、ラングドックの三十人が集められたアレスのように、そのまま騎士団の支部に囚われたり、カンのシャトレ塔に集められたノルマンディやトゥールルネにまとめられたベルギーの例のように、王の城塞に収監されたりしていた。教皇はそれらの身柄引き渡しも求め、一三〇七年の暮れには、移管の措置も取られることになった。

さすがのフランス王も頭が上がらない、筋が通されたようにみえるが、実はそれに先立つ十一月二十二日に、教皇勅書「パストラーリス・プラエエミネンティアエ」が出されていた。これを聞かされたとき、十四世紀の人々は我が耳を疑う思いがしたに違いない。そのなかで教皇はキリスト教世界の全ての王侯に、テンプル騎士たちの逮捕を命じていたからだ。

フランス王の手が及ばない国々に、ローマ教皇が手を伸ばした。十二月にはイングランド王やアラゴン王も、渋々ながら検挙に乗り出した。ドイツ、イタリア、ハンガリーなどでは、なお逮捕は進まなかったようであるが、もはや大勢は決した。一三〇八年五月には、テンプル騎士団の本部が置かれたキプロス島でも、キプロス王アンリ・ドゥ・リュジニャンが逮捕に動いた。残りの幹部まで獄につながれ、テンプル騎士団にしてみれば、まさに万事休すである。

教皇クレメンスは何故わざわざフランス王の意に沿うような命令を出したのか。こうまで勝手をやられたからには、面子《メンツ》にかけても逆をする、例えばテンプル騎士団の釈放を命じるくらいのことをしても、なんの不思議もないではないか。

あるいは何か心変わりさせる出来事でもあったのか。勅書に、こうある。

「朕が教皇に即位したとき、テンプル騎士団の異端の噂を聞いていた。が、騎士団の偉大な功績から、そのときは信じなかった。ところが、フィリップ王は別件で逮捕されたテンプル騎士の口から、直接その内情を聴取した。その証言は信じるに足る。キリストの否定、偶像崇拝、内部での醜行は聞くにたえない。朕は検事を任命するので、直ちにテンプル騎士の逮捕にかかられたい。フランスの騎士たちは自白し、すでに罪を認めている」

まさかテンプル騎士団の騎士たちが、異端の罪を認めたのか。俄《にわか》には信じがたいが、問題の入団式に関する証言が、きちんと記録に残されている。

「マントをかけられ、それからイエス・キリストの肖像がついた十字架を手渡されました。担当の兄弟アモーリは、この肖像を信仰してはいけない、ただの絵でしかないというのは、偽の預言者だからだ、ましてや神などではないといわれました。それから私にキリストを三度否定しろと命じました。それを私はしましたが、唇だけ動かしたのであり、心からではありませんでした」（ノルマンディ管区長ジョフロワ・ドゥ・シャルネイ）

「私は四十二年前にボーヌで、騎士ウンベール・ドゥ・パイローの手により入団を果たしました。兄弟アモーリ・ドゥ・ラ・ロシュ、名前は思い出せませんが、他にも数人が立ち会っていたと思います。私は最初に騎士団の戒律、規則について、ひとつひとつ守ることを約束しなければなりませんでした。それが終わるとマントを着せられました。すると、兄弟ウンベールは、磔刑《たっけい》の彫像が刻まれた青銅の十字架を持ってきて、その十字架にいるキリストを否定するよう命じたのです。気が進みませんでしたが、私は従いました。兄弟ウンベールは続いて十字架に唾を吐きかけろとも命じました。私は床に唾を吐きました」（総長ジャック・ドゥ・モレー）
「私はリヨンのタンプル館で、伯父であるウンベール・ドゥ・パイローの手で入団しました。四十四年前、主の公現祭の最後の日でした。騎士団の規則と秘儀を守るよう、いくつかの約束をさせられたあと、マントを着せられました。すると、兄弟ジャンが祭壇の後ろに私を連れて行き、イエス・キリストの彫像がある十字架をみせました。そして、その形が象徴しているところを否定しなさい、十字架に唾を吐きかけなさいといったのです。嫌でしたが、それを私は心でなく唇だけで否定しました。唾を吐きかけるほうですが、この命令には従いませんでした」（フランス巡察使ユーグ・ドゥ・パイロー）
「ロンドンで、イングランド管区長だった兄弟、ロベール・ドゥ・トルトヴィルの手で入団してから、二十八年になります。兄弟ロベールは最初に騎士団の規則や良き慣例を大きな声で数え上げられ、それを守ることを私に誓わせました。それからマントをかけてくださり、かたわらのミサ典書のなかに隠された十字架をみせました。イエス・キリストの彫像がついていましたが、そこで磔刑のキリストを否定しろと命令されたのでした」（ポワトゥー・アキテーヌ管区長ジョフロワ・ドゥ・ゴンヌヴィル）

男色だの、なんだのは否認されたが、キリストの否定は認めている。役付の四者が認めているのだ。早く潔白を証明してほしいと、自ら教皇に迫った総長ジャック・ドゥ・モレーにいたる騎士たちが、保身の嫌らしさまで窺《うかが》える証言をして……。

ありえない――それなのに、かかる証言があるというのは他でもない。パリでも、その他の地域でも、テンプル騎士たちは逮捕されると、直後から拷問の魔手に委ねられた。裸にされ、万力で締め上げられた足に鉄の錘《おもり》を載せられ、あるいは後ろ手に手錠をかけられた手首に縄を通され、それを滑車で引き上げられ、はたまた腱を切られ、関節を外され、歯を抜かれ……。

パリで逮捕された百三十八人のうち、三十六人が痛みに堪《た》えかねて死んだというから、その凄《すさ》まじさが窺える。なるほど、地獄の苦しみから救われるなら、犯していない罪も自白するだろう。いえと命じられたままの言葉を、唯々諾々と繰り返しもするだろう。

しかし――こうなると、かえって首を傾《かし》げるのは、フィリップ四世の呵責《かしゃく》なさのほうである。どうして、ここまでやらなければならないのか。世俗の君主の身にして、畑違いの異端の罪を告発して、それは厚い信仰心ゆえに正義感が熱く燃えたぎるあまり、というわけではあるまいに……。

あるいは問いを変えるべきか。ここまでさせるテンプル騎士団とは、全体何だったのかと。

第二部　テンプル騎士団とは何か

第一章　テンプル騎士団は始まる

ジェダイの騎士

いわずと知れたハリウッド映画、『スター・ウォーズ』のシリーズに、「ジェダイの騎士(Jedi Knight)」が出てくる。アナキン・スカイウォーカー、ルーク・スカイウォーカーの主人公父子は、ともにジェダイの騎士だ。属しているのが「ジェダイ騎士団(Jedi Order)」で、これまた物語の鍵を握るほどの存在感を示す。まさにヒーローと痺《しび》れながら、いくらか引っかからないでもない。どうして騎士なのかと。遠い昔、遥《はる》か彼方の銀河の物語で、なぜ中世ヨーロッパめいた騎士なのかと。

フランス語にみるように、シュヴァル（馬）に乗るからシュヴァリエ（騎士）なのだが、映画には馬が出てくるわけでもない。変な動物に乗ることがあったきりだ。英語のナイトに馬は関係ない、ドイツ語のクネヒトと同根の言葉だから、「奉公人」の意なのだと返されるかもしれないが、ジェダイの騎士には王とか皇帝とか特定の主君に熱心に仕えている様子もない。中世ヨーロッパのそれのように、貴族身分とリンクするわけでもなく、それどころか、奴隷だったアナキンでも騎士になれる。大切なのは、本人の才能と努力なのだ。

そこで求道的になるのか、ジェダイの騎士には高い精神性も求められている。道徳が重んじられて奇妙とはいわないが、恋愛は御法度で、結婚は秘密にしなければならないとなると、ちょっと首を傾げる。中世ヨーロッパの騎士といえば、なにより貴婦人、なにより恋愛ではないか。今に伝わるイギリスのガーター騎士勲章だって、ソールズベリ伯夫人が公の場で「ガーター（靴下留め）」を落としてしまい、それは恥ずかしかろうと、エドワード三世王がサッと拾ってかばったという、十四世紀の逸話に始まるものなのだ。「ジェダイ」の音は、黒澤明の大ファンであるルーカス監督が、「時代劇」から引いてきたといわれるが、騎士団を武士団といいかえたところで、こんなに禁欲的ではない。ジェダイの騎士は袈裟《けさ》を思わせる装束もあいまって、なんだか僧侶めいているのだ。

あれこれ考えると、むしろ異色のヒーローである。どうしてこんなキャラクターになったのかというと、テンプル騎士団を下敷きにしたからではないかと私は考えている。

言葉からよく似ている。ジェダイ評議会の長は「グランドマスター」だが、テンプル騎士団の総長も英語では「グランドマスター」という。十二人いる評議会のメンバーが「マスター」と呼ばれるからだが、同じような諮問機関がテンプル騎士団にもあった。「マスター」もいて、これはテンプル騎士団では管区長の意になる。ジェダイ評議会が置かれているのが、惑星コルサントの「ジェダイ・テンプル」だったりもする。

アナキン・スカイウォーカーがフォースの暗黒面に落ちて、ダース・ベイダーになったという件など、異端の罪を告発されたテンプル騎士団を彷彿《ほうふつ》とさせる。悪意を隠していたフィリップ四世こそ、パルパティーン最高議長ことダース・シディアス、つまりは悪の皇帝のモデルでないかとも……。皇帝という割に修道士めいた黒服で登場するが、フィリップ四世も王でありながら召し物は僧服を好んだと伝えられ……。

いや、暴走は控えよう。映画の製作者にテンプル騎士団を下敷きにする明確な意図がなかったとしても、欧米人の頭には騎士といい、騎士団といえばこういうものだという、日本人にはわからない一種の了解があるのかもしれない。つまり騎士団の騎士とは、単純明快な腕力の徒、絵に描いたようなヒーローでなく、道徳的で、禁欲的で、ときに抹香くさい輩でさえあるのだという……。

そのあたりの了解を手に入れがてらに、そもそもの始まりからテンプル騎士団の歩みを追いかけることにしよう。

二人乗りの印章

テンプル騎士団の印章は、「一頭の馬に騎士が二人乗り」している絵柄になっている。別にバァンと神殿を打ち出している印章もあり、こちらはテンプル騎士団の名前から来たとわかる。

テンプル騎士団の印章
写真提供：Rue des Archives / PPS通信社

それが「一頭の馬に騎士が二人乗り」となると、騎士団を表すにしても、地味といおうか、貧相といおうか。

　実は絵柄は騎士団設立の逸話と関わっている。ティル大司教であったことから、ギョーム・ドゥ・ティルと呼ばれる十二世紀の年代記作者は、その様子を次のように記している。

「その同じ年、貴族で、騎馬隊で騎兵をしていた何人かの者たち、神に献身したいと信心に突き動かされた男たちは、キリストへの奉仕に従事するべく、総大司教猊下《げいか》の手に、通常の聖堂参事会員と同じように純潔、服従、清貧を旨に生きると誓願を立てた。その筆頭で、最も秀でた敬うべき二人の男が、トロワのユーグ・ドゥ・パイヤンとゴドフロワ・ドゥ・サントメールだった。教会を持つでも、どこか決まった住まいがあるでもなかったので、王はしばらくの間、自分の宮殿のうち、主の神殿のかたわら、その南側にある建物を与えることにした。神殿の聖堂参事会員たちも、その心がけを祝福する意味で、件の宮殿近くに持っていた一角を一定の条件で譲りわたした。（中略）その者たちは誓願を立てた当初から、総大司教猊下や他の司教たちに腕の力をもって働くべし、その罪を許すかわりに道と街道を守り、泥棒や野伏せりの攻撃もしくは待ち伏せから巡礼者たちを守る仕事に専念すべしと、命じられていたのだった」

二人乗りの騎士とは、ユーグ・ドゥ・パイヤンとゴドフロワ・ドゥ・サントメールのことである。道を警備する仕事は二人一組で行われる決まりだった。住まいもないほど貧しかったので、馬も一頭に二人で乗らなければならなかった。解釈は幾通りかあるのだが、いずれにせよテンプル騎士団の印章が、ここから意匠されたことがわかる。「テンプル騎士団」の通称も、住まいとして神殿の一部を与えられたことに由来するのだと読み取れる。それはいいが、いつ、どこで、全体どういうわけで、こんな話になったのか。

端的に明かしてしまえば、文中の「その同じ年」とは「一一一九年」である。「王」というのは「エルサレム王ボードワン二世」のことだ。「総大司教」は「エルサレム総大司教ガルモン・ドゥ・ピッキニィ」で、「神殿」とはエルサレムの「ソロモン神殿」のこと、「道と街道」は地中海岸のカイファ、あるいはカエサレアからエルサレムにいたる狭い山道のことである。全ては現在のイスラエル、あるいはパレスチナに含まれる地域、十二世紀当時にいう東方に求められる。

一〇九五年十一月二十七日、ローマ教皇ウルバヌス二世はクレルモン公会議の閉会演説で、セルジュク・トルコの進出に見舞われる東方のキリスト教徒の不幸を訴え、その解放のために異教徒と戦うことを説いた。これに西方のキリスト教世界は熱狂し、イスラム教徒の手から聖地を奪還しようという運動、いわゆる十字軍が始まる。

一〇九六年四月、隠者ピエールや「持たざる騎士ゴーティエ」らに率いられた無名の徒たち、四万人を数えたともされる民衆十字軍が東方に向かったが、あえなく惨殺されて終わる。十二月に出発したのが、下ロレーヌ公ゴドフロワ・ドゥ・ブイヨン、その弟のボードワン・ドゥ・ブーローニュ、トゥールーズ伯レイモン、ボエモンド・デ・ターラントらに率いられた、騎士たちの十字軍である。

騎士たちは奮闘した。一〇九八年、まずユーフラテス河上流でエデッサを陥落させ、ボードワン・ドゥ・ブーローニュがエデッサ伯を称した。続いてアンチオキアを落とし、ボエモンド・デ・ターラントがその公となる。一〇九九年七月十五日には遂《つい》にエルサレムを奪取して、キリスト教徒によるエルサレム王国の建国、そして権威あるエルサレム総大司教の復活となった。自身は遜《へりくだ》って「総代司教の守護（Advocatus Sancti Sepulchri）」と称したが、実質的なエルサレム王になったのが、下ロレーヌ公ゴドフロワ・ドゥ・ブイヨンだった。海岸部ではトリポリ伯領が建てられ、こちらではトゥールーズ伯レイモンの息子、ベルトランがその主に納まった。

東方聖地の奪還、相次ぐ十字軍国家の建設に、西方のキリスト教徒は狂喜する。「それらの出来事に続いて」と始めて、また別な年代記作者、アッコン司教ジャック・ドゥ・ヴィトリは書いている。

「あらゆる土地で、富者も貧者も、若き男たちも、若き娘たちも、年寄りも、子供たちも、聖地を訪れたいとエルサレムに殺到するようになった。それはよいのだが、かたわらでは山賊や人攫《ひとさら》いが公道に出没し、巡礼者を待ち伏せする有様だった。巡礼者たちは無用心で、多くが追い剝ぎの被害に遭い、なかには殺される者もいた」

国を建てたというが、内情を明かせば主要な都市をいくつか押さえただけである。十字軍の快進撃は嘘《うそ》ではなかったが、大半の兵士はエルサレム陥落に満足すると、さっさと西方に引き揚げた。王や公、伯と一緒に東方に領地を得た者もいたが、そうした輩は自分の財産を守ることに汲々《きゅうきゅう》とするのみだ。慢性的な人手不足で、領地の治安の維持など行き届くわけがない。

十二、十三世紀の東方、小アジア、シリアからエルサレム、エジプトの地図

街道の警備など、とても手が回らない。それなのに西方からは、聖地を巡礼したい、キリスト教徒のものになったからにはエルサレムに詣でないではいられないと、無邪気に詰めかけてくる者が後を絶たなかったのである。

「そこで神の覚えめでたき、神に献身する騎士たちが、隣人愛から奮い立ち、俗世を捨て、キリストへの奉仕に身を捧《ささ》げることにした」

と続けて、ヴィトリもテンプル騎士団の設立を述べる。

「それら盗賊や血に塗《まみ》れた輩から巡礼者たちを守り、公の街道を安全にし、天上の王のために戦うと誓って、その仕事に邁進することにしたのだ。先達は敬われるべき二人、ユーグ・ドゥ・パイヤンとゴドフロワ・ドゥ・サントメールで、同じ行動を取ると決めたのは、他を合わせてまずは九人しかいなかった」

ユーグ・ドゥ・パイヤン

常に名前が出るユーグ・ドゥ・パイヤンこそ、テンプル騎士団の設立者にして、初代総長となった人物である。どんなに凄《すご》い男かと思いきや、これが今ひとつパッとしない。というより、よくわからない。少なくとも前半生には、耳目を引くような事績がない。

生まれは北フランスのシャンパーニュ地方で、その首邑《しゆゆう》トロワから北西に十二キロのパイヤンという土地だった。パイヤン城のあるパイヤン領、そこで産声を上げたユーグ・ドゥ・パイヤンは、つまりは領主の息子である。

生年もはっきりせず、一〇七〇年から一〇八〇年の間だろうといわれている。父が同名のユーグ、母の名前は伝わらないが、モンティニィ領の女相続人だった。父もモンティニィの領主になっているし、兄のゴーティエもそれを継いでいる。

ユーグ自身は長男ではないので、はじめは土地の主君であるシャンパーニュ伯ユーグの宮廷に、奉公に上がったようである。伯の側近、城付きの騎士というところだが、切れ者だったとか、勇ましかったとか、そういう逸話も別して残されてはいない。

ユーグ・ドゥ・パイヤン
写真提供：Alamy / PPS通信社

十字軍熱が高まった時代だったが、先に引いた第一回の遠征に参加したわけでもない。シャンパーニュ伯が参加しなかったからで、この主君が東方に行けば、ユーグも東方に行く。初めて行ったのが一一〇四年のことで、イスラム教徒との戦いはもう終わっていた。主君ともども、このとき聖地で何をしたのか不明で、それこそ巡礼だったのかもしれない。

帰ってきたのは三年後、その一一〇七年にユーグはパイヤン領主になった。二十七歳から三十七歳という年齢で、父も兄も死没したものと考えられる。翌一一〇八年には結婚もした。相手はエリザベート・ドゥ・シャップという、シャンパーニュ南部の貴族の娘で、一一一三年にかけてはジブアン、ティボー、イザベル、エルベールと四人の子供にも恵まれた。

そのユーグが一一一四年、再び東方に向かった。シャンパーニュ伯が再び聖地を目指したからで、このときはシトー派修道会の総長スティーヴン・ハーディングに、神学研究のために必要なヘブライ語文献の探索を頼まれたのだとの説がある。いずれにせよ、シャンパーニュ伯は翌一一一五年には帰国を果たした。ところがユーグのほうは、そのままエルサレムに残ったのだ。

主君に従い訪れるまま目撃したのが、前述のような巡礼者たちが見舞われる災難、巡礼路が余儀なくされている惨状だった。なんとかしなければならないと、ユーグは使命感を抱いたようだ。その異邦で知り合ったのが、北フランスも、こちらはフランドル出身の騎士、ゴドフロワ・ドゥ・サントメールだった。やはり義憤に燃えていて、たちまちにして意気投合、二人は巡礼路の警備、巡礼者の保護を始めることにした。

はじめのうちは二人きりで、テンプル騎士団の印章に描かれる様子、そのままだったかもしれない。が、だんだん仲間も増えていった。ユーグと同じシャンパーニュ出身のアンドレ・ドゥ・モンバール、ゴドフロワと同じフランドル出身のアルシャンボー・ドゥ・サンテーニャンとパヤン・ドゥ・モンディディエ、ラングドック出身のジョフロワ・ビッソルとユーグ・リゴー、ポルトガル人のゴンドメール、それに出身地の知れないロラル、もしくはロッサル、またはロッセルと、各々の名前も挙げられる。が、やはり全部で九人と、そんなに多いわけではない。

とはいえ、皆が騎士であり、貴族である。各々が従士、盾持ち、馬丁、従僕の類を数人ずつ従えている。少なくとも二、三人、多ければ十人も従えるので、たった九人の騎士といいながら、全体の人数は数十人から百人近くにもなる。なお巨大組織というわけではないが、数年で一応の団体という体《てい》は採るようになったらしい。

修道誓願

独創的なのが、このとき修道誓願を立てた点だ。巡礼路の警備を始めた、あるいは始めてからしばらく経過した時点で、正式な団体として認知される必要が生じたからかもしれないが、とにかくユーグたちは先に引いたように「エルサレム総大司教の御手に信仰宣言を行い、公式誓願を果たし、通常の聖堂参事会員のように、服従、純潔、清貧において暮らす」誓いを立てたのだ。

聖堂参事会員というのは聖堂付きの聖職者、つまりは人里離れた僧院に籠もるのでなく、一般の信徒たちの間で暮らす、在俗の聖職者のことである。神に仕える身でありながら、ついつい俗世に流されてしまいがちなわけで、それを引き締めるために用いられたのが、アウグスティヌス修道会則だった。ユーグたちもこの修道会則に従うと誓ったわけだが、この件を全体どう解釈したらよいのか。

巡礼路の警備、巡礼者の保護という活動が、単なる義憤というよりも、キリスト教徒を救わなければならない、神のために働かなければならないという、信仰心に発していたことは想像に難くない。であれば、普段から品行方正でなければならない、敬虔《けいけん》な生活を送らなければならないと、そういう発想になるのは自然である。そのためにユーグ・ドゥ・パイヤンは妻と離縁してきたとする説まであるが、これについては、愛妻エリザベートには一一一三年に先立たれていたとの別説もある。世を儚《はかな》んだユーグが、出かけた聖地で信心に目ざめ、転身を思いきった。そう解釈するのが無理ないようにも思われるが、いずれにせよ出家したわけではない。腕力に物をいわせ、あくまで仕事は騎士としてのそれだ。

修道誓願を立てたのだから、修道士になったとみるべきかといえば、これまた微妙だ。修道士というのは、原義的には聖職者ではない。読んで字のごとく、道を修める人間のことで、乱暴な言い方をすれば、ただ感心なだけの一般信徒である。聖職者は神父、英語で「ファザー」と呼ばれる上の存在なのだが、修道士は「ブラザー」、修道女も「シスター」で、つまりは兄弟姉妹という横並びの存在でしかないのだ。修道士として勉強して、その暁に聖職者に叙階《じょかい》される者もいるが、両者は常にイコールというわけではない。

話をユーグたちに戻せば、そのような修道士になったという解釈は可能である。ただ感心なだけの一般信徒というなら、むしろユーグたちそのものだ。しかし修道士は、他面で修道会に属するのが普通だった。アウグスチノ会、ベネディクト会、クリューニー会、シトー会、もう少し時代が下ると、フランシスコ会、ドミニコ会、イエズス会なども出てくるが、そうした修道会のことである。ユーグたちはといえば、どこかの修道会に入会したわけではない。その意味では修道士でなく、繰り返せば、日常も騎士のままだ。ところが、もう修道誓願を果たしたので、ただの騎士でもなくなっている。なにぶん初めてのことであり、どうと位置づけることもかなわず、そこまでする必要があるのかと首を傾げないでもないのだが、この抹香くささが後々大きな意味を持つ。

さしあたり、ユーグ・ドゥ・パイヤンと仲間たちが、エルサレム総大司教ガルモン・ドゥ・ピッキニィの手に宣誓を捧げたのが、一一一九年の十二月二十五日、エルサレム王ボードワン二世が戴冠したのと同日だった。そのエルサレム王ボードワン二世は、一一二〇年一月十六日にナブルーズ公会議を召集し、そこでアウグスティヌス修道会則に従う「キリストの義勇隊(Militia Christi)」の結成を認めさせた。テンプル騎士団の設立が一一一九年から二〇年にかけて行われたとされるのは、こうした経緯からである。

貧乏所帯

九人の騎士、従士の類を入れても百人足らずの小さな団体——もっと増やしたいと望んでも、そんなに増やせるわけではなかった。燃えさかる熱意は理解できるとして、それが純粋であるほどに、まるで無計画だったからだ。修道の誓いを立てたからといって、腹を満たせるわけではない。神ならぬ人の身なれば、食べなければならない。その算段が皆無だったのだ。

ユーグ・ドゥ・パイヤンはじめ、皆が領主身分、貴族身分の出だったが、故郷を遠く離れた異国暮らしである。いくらかは持参したかもしれないが、困らないのも数ヶ月から、せいぜいが一、二年というところだろう。巡礼路の警備に励んだからといって、何か褒美があるでなく、きちんきちんと給金が支払われるわけでもない。

みるにみかねたということか、「さらに王は貴族たちと諮《はか》り、総大司教は教会の高位聖職者たちと諮りながら、その者たちに食べるものや着るものを供するために、自身の分から分けて一時的に、あるいは永続的に禄《ろく》を授けることにした」とティルは伝える。アンチオキア司教を務めたシリアのミカエルは、「王は面々に住むためにソロモンの屋敷を、生活の糧を得るためにいくつかの村を与えた。同時に総大司教も教会のものであった村をいくつか与えた」と書いている。年貢を取れるようになり、なんとか暮らせる。東方在地の聖俗有力者たちの施しで、ユーグたちはどうにか日々の糊口《ここう》を凌いでいたようだ。

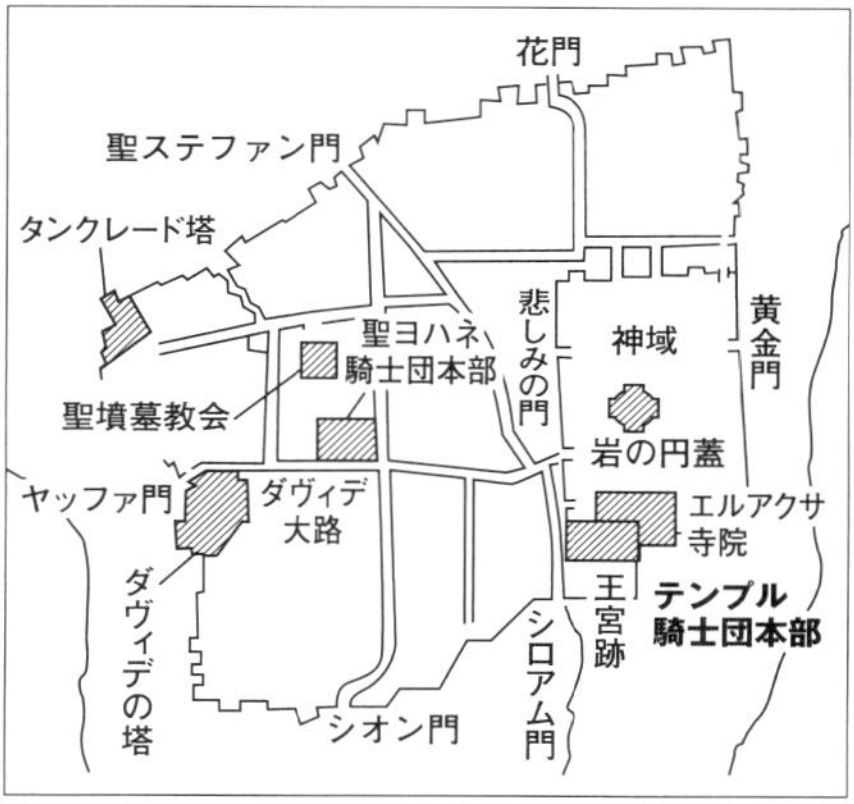

エルサレムのテンプル騎士団本部

「（聖墳墓教会の）聖堂参事会員たちは、仕事のみかえりに面々に宮殿近くに持っていた地所を譲った」

とも、ティルは伝える。その宮殿、エルサレム王の宮殿というのは、ソロモン神殿のことだ。また別な年代記作者、ジャック・ドゥ・ヴィトリも裏付けている。

「面々には属する教会もなく、決まった住居すらなかったので、王はしばらく王宮の主の神殿近くに小さな住まいを与えた。同じ頃、大修道院長や聖堂参事会員たちも、面々の仕事の必要のために王宮の近くに持っていた地所を与えた。それから主の神殿の近くに住み続けたので、面々は神殿の修道騎士たちと呼ばれるようになった」

王は一一二〇年に「ダヴィデの塔」に移るので、「キリストの義勇隊」は神殿跡を独占するようになるが、さておきテンプル騎士団という名前の由来は、生活の場所のみならず生活の糧として与えられた小さな土地にも由来したようだ。感心させられた修道誓願の一件にしても、教会から養い扶持《ぶち》をもらうのならば、それなりに身を慎めということだったかもしれない。

いずれにせよ、人々の耳目を引きつける。有力者の歓心も買うようになり、同年には十字軍に来ていたアンジュー伯フルク五世に、その年収に相当する金額を与えられた。テンプル騎士も当座は小躍りしたろうが、所詮は臨時収入である。

貧乏所帯は大きく変わるものではない。敬虔さの証のような修道誓願など偽りで、実は邪《よこしま》な異端の信仰を隠していたのだとしても、目くじら立てるほどの相手とは思われない。

後援者たち

歴史に名を轟《とどろ》かせるテンプル騎士団も、その始まりは慎ましく、まさに草創期といった感が否めなかった。エルサレム王やエルサレム総大司教の後援を得られたとはいえ、それも必要最低限といった程度にすぎなかった。ヴィトリが伝えるように「信者が施しとして与えた衣服を身につけ」ながら、まさに細々と活動を続けていたというのが実際だろう。

エルサレムに通じる山道を警邏《けいら》している篤信家のグループ——知る人ぞ知る小さな組織で終わっても、不思議でなかったかもしれない。が、そのままにしては放っておかない者たちがいた。テンプル騎士たちの活動を高く評価し、これを後援しようという有力者たちが、続々と現れたのだ。それもエルサレム王やエルサレム総大司教のような、間近に接してきた東方の後援者に留まらない。

帰国した十字軍士や巡礼者に伝えられて、テンプル騎士団のことは西方でも噂くらいにはなっていたらしい。それが程なく持ちきりの話題になっていく。

まず挙げられるのがシャンパーニュ伯ユーグ、つまりは一団の指導者ユーグ・ドゥ・パイヤンの旧主だった。ともに聖地を訪ねながら、一一一五年に独り故郷に帰った伯であるが、それから聖地に残った旧臣の活動を聞いたのだろう。たちまち心惹《ひ》かれるものを覚えたのか。いや、かなり逡巡《しゅんじゅん》したのかもしれないが、いずれにせよ十年後の一一二五年には大胆な決断にいたった。以前から不義を疑っていた妻を離縁し、自分の血を引いていないと思われる息子も廃嫡、シャンパーニュ伯の位は甥《おい》のティボーに譲り、すっかり俗世を捨ててしまったのだ。

全てはアウグスティヌス修道会則にかなうためだった。純潔、清貧の条件を果たせば、あとは服従だとばかりに、伯はかつての家臣ユーグ・ドゥ・パイヤンの下で、その活動に加わることに決めたのだ。

ユーグ・ドゥ・シャンパーニュがエルサレムに渡ったのが一一二六年、それから一一三〇年に死ぬまで一介の騎士としてすごしたが、これは大事件だった。シャンパーニュ伯といえば、フランス王国屈指の大諸侯である。群雄割拠する下ロレーヌ公やブールゴーニュ公、ブーローニュ伯やトゥールーズ伯と並び立ち、その実力は当時なお脆弱《ぜいじゃく》だったフランス王さえ凌いだ。戦国時代の日本に譬《たと》えれば、武田信玄か、上杉謙信か、それくらいの権力者が、全てを捨てて、テンプル騎士たちの活動に身を投じてしまったのだ。

遠い東方ならぬフランスでの出来事であれば、西方世界は騒然となった。エルサレムではいったい何が起きているのかと、世の関心も高まった。併せて口を開いたのがベルナール・ドゥ・クレルヴォー、後の聖ベルナルドゥスだったから、いよいよセンセーションが巻き起こる。

それはシトー派修道会きっての論客、修道院改革の旗手、いうなれば当時のオピニオンリーダーだった。ベルナール・ドゥ・クレルヴォーと通称されるのは、クレルヴォー大修道院長だったからだが、その僧院が建てられた荘園は、シャンパーニュ伯ユーグが一一一五年、東方聖地から戻ってきた年に寄進したものだ。いうまでもなく懇意の間柄で、ユーグ・ドゥ・パイヤンたちの活動も、ひとつには伯に聞かされたものと思われる。

ベルナール・ドゥ・クレルヴォーの叔父、アンドレ・ドゥ・モンバールからして、東方でユーグ・ドゥ・パイヤンらと命運をともにすることに決めた草創メンバーのひとりだった。実は一一二〇年代のうちに、ジョフロワ・ドゥ・サン・トメールと二人でクレルヴォーを訪ねていたとされる。届けた手紙がエルサレム王ボードワンが書いたもので、ベルナール・ドゥ・クレルヴォーにテンプル騎士たちの応援を依頼する中身だった。かかる人脈、かかる伏線があったことは確かだが、でなくともテンプル騎士たちの活動は、ベルナールの、さらにシトー派修道会の共感を呼ぶものだった。

修道士だからといって、僧院に籠もるばかりでは駄目だ。経典を捲《めく》るだけでは足りない。もっと社会に出なければならない。同じように騎士だからといって、ただ強ければよいというものではない。正しい道徳心を備え、キリストの教えにかなう人間でなければならない。社会全体のキリスト教化がベルナールの理想であり、シトー派の目指すところだった。信仰心の発露として戦争を起こした十字軍の世紀であれば、ヨーロッパにおける時代精神を代表していたともいえようが、いずれにせよベルナールたちの目にテンプル騎士たちは、これぞ模範的な人間として映ったのだ。

少し後、一一三〇年から三六年に書かれたと思われる文章ながら、ベルナールの激賞ぶりが知れるので、「新しい騎士団によせる賛辞（De laude novae militiae）」から引こう。

「キリストが受肉なされていた土地に、新しい騎士団が現れた。新しく、前代未聞であるというのは、この騎士たちがときに血肉を備えた敵と戦い、またときに天における悪しき魂と戦い、つまりは二重の戦いを行うものだからである。騎士たちがその肉体の力によって、肉体的な意味における敵と戦うのであれば、ことさら驚嘆されるべきとは思わない。珍しくもなんともないからだ。しかし、魂の力によって悪徳や悪魔に戦《いくさ》をしかけるのであれば、それは驚嘆に値するのみならず、修道の徒たる者に与えられるべき賛辞の言葉という言葉を尽くされて、なお足りないくらいである」

ベルナールの声に押されて、東方で活動する小さな兵団の話題が、西方世界を駆け巡る。後援者たちは増えていく。東方と西方の連携も密になる。もう一押しと、テンプル騎士団のプロデュースは次の段階へと進む。

トロワ会議

一一二七年、エルサレム王とエルサレム総大司教ら東方の後援者たちは、ユーグ・ドゥ・パイヤンと五人の騎士を西方に送り出した。年代記作家シリアのミカエルによれば、仲間の騎士は三十人を数えていたというから、六人くらい留守にしても東方での仕事が滞ることはなかったのだろう。最初に向かったのがローマで、教皇ホノリウス二世に謁見した。願い出たのが新しい修道会としての公認と、新たな会則の制定だった。

ホノリウス二世は組織や会則など修道会の諸々を定めるために、シャンパーニュのトロワで教会会議を開催させることにした。一一二八年一月十四日、聖ヒラリウスの祝日、主宰が教皇特使のアルバノ枢機卿《すうききょう》マチアスで、さらにトロワ大聖堂には、ランス大司教、サンス大司教というフランス王国の二大高位聖職者を筆頭に全部で十人の司教、シトー大修道院長スティーヴン、クレルヴォー大修道院長ベルナールはじめ全部で七人の大修道院長、そしてシャンパーニュ伯兼ブロワ伯ティボーやヌヴェール伯ギョーム二世というような世俗の有力者たちが集まった。これら立会人たちが見守るなか、ユーグ・ドゥ・パイヤン、ゴドフロワ・ドゥ・サントメール、パヤン・ドゥ・モンディディエ、アルシャンボー・ドゥ・サンテーニャン、ジョフロワ・ビッソル、ロラルと、六人の騎士が揃《そろ》いの白マントで現れたのだ。

会議はアルバノ枢機卿マチアスの説教で始まった。

「我欲の虜になることを軽蔑し、騎士の純粋な勇気で天上の王に仕えんと望み、また服従という高貴な鎧《よろい》を身につけたいと熱心に願い、また実際に身につけている者たちに告ぐ。おまえたちは今日まで世俗の騎士として生きてきており、その行動もイエス・キリストを動機としていたわけでなく、ただ人間としての親切心に駆られてのことにすぎなかった。が、これからは神が罪深き人々から選び、その心地よい憐憫《れんびん》により聖なる教会の防衛を任せた者たちに従わねばならぬ、永遠にその仲間に加わることを急がねばならぬと、ここに訓戒するものである」

かかる言葉に励まされながら、六人は正式に修道士の叙任を受けた。このトロワ教会会議において「キリストとソロモン神殿の貧しき戦士たち」という名前の、新しい修道会が晴れて設立されたのである。

プロデュースも次の段階というのが、これだった。テンプル騎士、ときにテンプル修道騎士と呼ばれながら、これまでも面々はアウグスティヌス修道会則に従うと誓いを立ててきた。が、どこかの修道会に属するというわけでなく、この点はどうとも位置づけようがなかった。騎士の活動をする修道士など、受け入れる修道会もなかったからだが、それなら自身が新しい修道会になればよいとなったのだ。

聖ヨハネ騎士団も同じ東方エルサレムで、ほぼ同時期に生まれている。こちらの始まりは、十字軍なり巡礼なりで傷病者が多く出るため、それを治療看護する病院が必要だと考えた有志たちの活動で、巡礼路の警備を志したテンプル騎士団の場合と同じく、いわば自然発生的な活動だった。収入も、身分も、組織もないのは同じだったが、これが一一一三年の認可で「エルサレムの聖ヨハネ病院修道会（Ordo Fratrum Hospitalis Sancti Ioannis Hierosolymitani）」という、新しい修道会の設立に進んでいたのだ。

元が修道士たちの活動だっただけに、すんなり移行できたのだろうが、エルサレムではテンプル騎士たちが警護してきた巡礼者たちが、聖ヨハネ騎士たちの病院に宿泊するというようなこともあったわけで、当然こちらも刺激を受けずにはいられなかった。テンプル騎士団も新しい修道会にすればよいのだと、熱心だったのは東西の後援者たちのほうだったかもしれないが、いずれにせよ、その動きが大詰めを迎えたのが、一一二七年暮れから一一二八年にかけた六騎士の西方来訪だったのである。

因みに聖ヨハネ騎士団は、こちらもテンプル騎士団の設立に刺激されて、徐々に武装化を進める。いうなれば修道士が騎士になったわけで、騎士が修道士になったテンプル騎士団とは逆パターンだが、いずれにせよ、これら二つが騎士団の元祖である。聖地における活動は宗教的情熱からであれば、修道士であるのは自然だ。イスラム教徒の脅威の渦中に身を置くからには、同時に騎士でなければならない。ごくごく自然な話のように聞こえるが、あくまで十字軍という特殊な事情があっての話であり、修道士にして騎士など普通はありえないのだ。

常識外れというだけでなく、ちょっとした社会革命でさえあった。中世ヨーロッパでは、人間は祈る人（聖職者、修道士）、戦う人（貴族、騎士）、働く人（平民、農民や町人）の三身分に分けられていたからである。議員が第一身分（聖職者）、第二身分（貴族）、第三身分（平民）に分けられていた全国三部会、つまりはフランス革命時の一七八九年にまで受け継がれた伝統であり、容易に抜きがたい観念だったといってよい。

それをテンプル騎士団や聖ヨハネ騎士団は、十字軍なのだからと曲げさせた。祈る者と戦う者のふたつを、自らのうちに融合させたのだ。フランス革命のときまで続いたといえば、そのふたつこそ特権身分である。併せ持つ修道騎士は特権身分のなかの特権身分、観念的には正しくもあり、強くもあり、ほとんど完璧な人間である。ヒーローと仰ぎみられても当然だが、さておき、かかる騎士修道会こそは、いうところの騎士団である。

騎士団と聞くと、欧米人には抹香くさく感じられる、僧侶めいて耳に響くというのは、こうした事情からだ。今に伝わるイギリス王のガーター騎士団であるとか、もうなくなったが、フランス王のエトワール騎士団、サン・ミシェル騎士団、サン・テスプリ騎士団、さらにブールゴーニュ公からハプスブルク家に受け継がれたトワゾン・ドール騎士団など、君主の側近としての騎士団、全く世俗の団体としての騎士団もあるにはある。が、それらは騎士修道会の後に作られたものだ。別な言い方をすれば、テンプル騎士団や聖ヨハネ騎士団の格好よさを単に真似《まね》たもの、宗教的要素を落として、かわりに王侯の権威を表現する道具としての役割を与えられたものにすぎない。後に勲章の名前でしかなくなっていくのも道理で、騎士団としては亜流なのだ。

会則、慣習律、教皇勅書

一一二八年のトロワ会議では、テンプル騎士団の会則も定められた。書記のジャン・ミシェルが「我々はその修道会の長たるユーグの言葉で、騎士修道会の様式と形態が一条ずつ明らかにされるのを聞くにいたった。我々の貧弱な識見の指し示すところに従いながら、良く、かつ有益であると思われたものは大いに称賛し、しかし、不条理と思われたものは排除していった」と伝えている通りだ。会則は一条から八条まではトロワ会議の議事録で、九条から具体的な会則が連ねられる。原文がラテン語なので、ラテン語会則と呼ばれるもので、一一四〇年にはフランス語で書かれたフランス語会則も作られる。若干の変更があり、その意味を考える機会も後にあるだろうが、大まかな骨子は変わっていない。

それは従前用いてきたアウグスティヌス修道会則を土台にしながら、起草にベルナール・ドゥ・クレルヴォーの協力を求めたというだけに、シトー会の影響も色濃い会則になった。全七十六条に上り、読めば文字通りに修道士の決まり事なのだが、他面で騎士の要素も考慮されて、修道会の会則としてはユニークなものになっている。

九条から十六条では修道士としての義務が定められているが、試みに祈禱《きとう》の規則をみてみよう。テンプル騎士修道士は「宗務規則と聖都エルサレムの教父たちの習慣にしたがって、朝課はじめ完全なる聖務を果たさなければならない」とされる（九条）。他会の修道士と同じように、朝課（夏至で午前三時半から四時、冬至で午前六時）、賛課（早暁課、夏至で午前六時、冬至で午前六時四十五分）、一時課（早朝課、午前八時）、三時課（午前十時）、六時課（夏至で午前十一時半、冬至で正午）、九時課（夏至で午後二時半、冬至で午後一時半）、晩課（夏至で午後六時、冬至で午後四時十五分）、終課（夏至で午後八時、冬至で午後六時十五分）と、一日に実に八回もの祈りが求められているのである。

なんとも厳しく課せられたものだが、それも「騎士団ならびに東方のキリスト教世界の任務のために外に送り出されていたとき」、つまりは巡礼路の警備に勤《いそ》しんでいたり、遠征に出かけていたりしたときは、「パーテル・ノステル（我らが父）と朝課に十三回、他の課では七回、晩課では九回唱えればよい」と簡略化が許されている。さらに戦闘が始まったりすれば、きちんとした時間では祈りの言葉を唱えることさえ難しくなるが、それでも「できれば六時課だけは省かれないよう」と続く（十条）。

しごく実用的な会則であることが窺える。十七条から二十二条では服装について定められ、いかにも修道会のそれといった質素、簡素、華美の禁止が綴られるが、「東方における非常な暑気の過酷さを考慮して、過越《すぎこし》の祭から諸聖人の祝日にかけては、あくまで慈悲であり、当然の権利などではないと了解されたうえで、それを希望する兄弟には亜麻布の肌着が与えられる」と、便宜も図られている（二十条）。二十三条から三十条までは食事だが、修道士らしく粗食が義務づけられているかと思いきや、そこは騎士でもあるので、食べないことには働けないという理屈から、「肉食は主の聖誕祭、諸聖人の祝日、聖母被昇天祭、十二聖人の祝日でもないならば、週に三度で足れりとするべし」と、なんとも甘い規則になる（二十六条）。

三十一条から四十四条までは、生活の決まりだ。修道会らしく沈黙が求められ、夜間の会話は厳に禁じられている。「しかしながら、終課のあとでも起こりえることとして、騎士団に、もしくは僧院に朝が来る前に解決しなければならない深刻な問題が起きたときは、総長もしくは総長の下で騎士団を統《す》べる年長の兄弟たちの一団は、その場に応じて会話することができる」とする（三十一条）。東方におけるイスラム教徒の夜襲などを想定したものだろう。

四十五条から五十条までは過ちと許しが定められる。「それは騎士の義務に照らすなら、むしろ愚行と呼ばれるべきものなのだから、世俗の生活でなしえた勇敢な行いを他の兄弟たちに、いや、他の誰であれ、こと細かに話して聞かせてはならない。不道徳な女と持った肉の快楽についても、同様である」（四十九条）などと特記されているところなど、荒くれの猛者どもを統べる苦労も窺わせる。五十一条からは補足的に様々な事柄が定められる。馬や馬具、盾持ちや従者について規定したり、鷹《たか》狩《が》りは禁止だが、ライオンは退治してよいと述べたり、さらに財産の管理、傷病者や死者の扱い、世俗の騎士との付き合い方など多岐にわたるが、ここでは七十一条だけ引いておこう。

「女性の顔をみつめることは、あまねく修道者にとって危険きわまりない行為であると考えられるがゆえに禁ずる。修道士は未亡人であれ、処女であれ、たとえ母、姉妹、叔母の誰かであったとしても、女性に接吻をしてはならない。女性との接吻から遠ざかるなら、キリストの騎士は純な精神と清い生活により、永遠に神のみと歩みをともにするであろう」

これが後に男色疑惑を招くことになった条項である。

会則を補完するため、一一六五年からは慣習律も定められ始める。十三世紀末までに六百十六条が追加され、テンプル騎士団はまさに隙なく規則に縛られていく。騎士団の組織についても詳しく定められるので、ここで多少の行を費やしておこう。

みたように初代総長がユーグ・ドゥ・パイヤンだが、その総長には一一二八年の会則の時点から絶対服従が求められている。その命令には修道士としてのみならず、騎士としても従わなければならないからで、組織の長を指すのに他の修道会のような師父（père）や大修道院長（abbé）でなく、総長（maître）の尊称が選ばれたのも、軍事的な意味が込められてのことである。因みに「大（grand）」の語を加えて「総長」とするのは、かなりな時間がたってから、一説には十四世紀になってからとされる。

総長は基本的にエルサレムの神殿跡の本部にいるとされた。往々そこに集められ、総長が重大な決定を下す際に助言を行ったのが、参事会（chapitre）である。総長が引退あるいは死去したときに、新総長を選挙で決定するのも参事会で、十二使徒に因む十二人の年長者とキリストの位置に座る聖職者を合わせた、全部で十三人で構成された。

参事会の賛同なくしては、他の要職の人事もできなかった。その要職というのが、総長に次ぐ位で、ときに応じては総長の代理を務める総務長（sénéchal）、行軍を統括する軍務長（maréchal）、衣類と寝具の配給を統括する衣服長（drapier）、さらに本部には常駐する二人の司令官（commandeur）、すなわち、巡礼路の警備にあたるエルサレム市の司令官と、より広域化した活動を差配するエルサレム王国の司令官だった。さらにアッコン司令官、トリポリ司令官、アンチオキア司令官と、仕事が増え、活動範囲が広がれば、重要な職務も一緒に増えていくが、いずれにせよ、テンプル騎士団は確たる組織を有して、単に志を同じくする九人の仲間たちではなくなっていく。

修道会になって何がよかったかというと、組織としての体裁を整えられただけではない。それなら世俗の団体でもよかった。より大きかったのは既存の修道会と同じように、ローマ教皇直属の団体になれたことだった。どこかの王侯に仕えるのでも、どこかの国に属するのでもないからには、事実上の自治権を与えられたともいえる。

宗教団体でありながら、どこかの司教に従う義務もなくなった。第二代総長になったのがロベール・ドゥ・クラオンだが、これがなかなかのやり手で、一一三九年三月にローマ教皇インノケンティウス二世から、勅書「オムネ・ダトゥム・オプティムム」を引き出したのだ。

教皇はベルナール・ドゥ・クレルヴォーの弟子であり、土台が修道騎士たちを贔屓《ひいき》にしていたのかもしれないが、それにしても破格の厚遇が与えられた。「汝《なんじ》らの参事会に属していない如何《いか》なるものにも従うべきでなく、全て主の寵児《ちょうじ》である汝ロベール、さらには総長として、その任を命じられたる汝の後継者たちにのみ服従しなければならない」と定められ、具体的には在地の司教権力からの免属特権を手に入れたのだ。

以後テンプル騎士団は「十分の一税、献金、埋葬に関する司教の諸権利も与えられるだろう。同様に聖なる神殿に連なる場所に、礼拝堂を建てることも許可する」とされた。司教でなく自らに属する独自の聖堂、独自の墓地を持つことができ、さらに特筆すべきは冒頭に掲げられた十分の一税に関する特権だった。十分の一税というのは、教会がその教区の信徒から徴収するもので、いうなればカトリック教会の主財源である。「全体に命じることには、十分の一税は汝の敬虔なる家に属する動産、利権、その他諸々に寄せられるべき敬意ゆえ、汝の意に反して汝に求められるべきではない」と宣言されて、これをテンプル騎士団は納めなくてよくなった。宗教法人として格別の保護を与えられたようなもので、まさに特権団体である。免税特権を与えられたのは、数ある修道会のなかでも他にはシトー派だけだった。

さらに「それらの十分の一税は、汝らが汝らの熱意により、また司教たちの助言と同意に基づいて、聖職者や俗人から取るべきである。司教たちや聖職者たちの同意のうえで手に入れた十分の一税に関しては、使徒の権威によって汝らのものと認める」とされて、テンプル騎士団は独自の徴税権まで認められた。税は払わなくていいわ、自分で税は取れるわ、全く結構な話だが、ときにその結構な話というのは、どこで……。

諸国行脚

話を一一二八年に戻す。トロワ教会会議を経て、テンプル騎士団は、れっきとした修道会になった。もう、あやふやな身分ではない。胡乱《うろん》な団体だとはいわせない。ユーグ・ドゥ・パイヤンたちは大喜びで、直後から諸国行脚《あんぎゃ》を試みる。修道騎士の入会勧誘を行い、また東方での活動に資する寄付寄進を募るためだ。

ユーグ・ドゥ・パイヤンはトロワ会議に先立ち、シャンパーニュ伯ティボーからバルボンヌの領地を寄進されていた。それは城館付きの土地であり、エルサレムの本部ならざるテンプル騎士団の拠点、つまりは支部の最初になった。トロワ会議が終わってからは、まずノルマンディ公アンリと面談して、多額の金品を贈られた。このアンリは兼イングランド王ヘンリー一世のことであり、ノルマンディからイングランドに渡るようパイヤンに勧めた。そこで待っていたのはヘンリー一世の娘のマチルダ王女こと、未亡人となっていた神聖ローマ皇帝ハインリヒ五世妃で、気前よく寄進してくれたのがロンドンの現ホルボーン区にあった城館、いわゆる「オールド・テンプル」だった。現在テムズ河畔にあるテンプル教会は、後の一一八五年に建立したもので、正しくは「ニュー・テンプル」ということになる。

ユーグ・ドゥ・パイヤンはスコットランドにいたる大ブリテン島周遊を行って、他にも多くの領地や現金を贈られた。それからフランスに戻り、今度はアンジュー伯領を訪ねた。実はエルサレム王ボードワン二世に、王女メリザンドとの縁談をまとめてほしいと、遣いを頼まれていた。快諾して王の娘婿になったアンジュー伯フルク五世は、男子のないボードワン二世の後を継いで、ほどなくエルサレム王になるが、そうして即位するまでも東方でテンプル騎士として働きたいといってくれたから、もう総長は大喜びなのである。

他方、ゴドフロワ・ドゥ・サントメールは、出身地のフランドルに向かった。パヤン・ドゥ・モンディディエはボーヴェジとピカルディを周遊し、ジョフロワ・ビッソルとユーグ・リゴーは、ドーフィネ、プロヴァンス、ラングドックと巡った。リゴーはピレネを越えて、カタロニア、アラゴン、カスティーリャと、スペインの諸王を訪ねる旅に出た。伝えられるところ、テンプル騎士はどこに行っても大歓迎を、いや、それを超えた熱狂をもって遇された。修道騎士に志願する者も後を絶たず、寄付寄進も続々と集まった。

そんなこんなで、一一三〇年にユーグ・ドゥ・パイヤンが東方に戻るときには、三百人もの修道騎士を引き連れることになった。盾持ち、従者の類を合わせると、千人を超える規模だ。寄付寄進も莫大《ばくだい》な高に上り、年代記作家ギョーム・ドゥ・ティルが「実際、その富は諸王のそれに匹敵するといわれた」と伝えるほどになった。

　そのうち換金した分も含めた現金は、すでにエルサレムに送られていた。支部に転用できる領地城塞の類も予想以上に増えてしまい、それらの管理のために急遽《きゅうきょ》フランス管区を設置、その管区長に任命したパヤン・ドゥ・モンディディエを、西方に置いていかなければならなくなったほどだった。

　一夜にして大組織、まさに夢のような話だが、もちろん裏がない話ではない。いうまでもなく、ただでは誰もプロデュースしてくれない。実のところ、テンプル騎士団は大いにあてにされていた。

第二章　テンプル騎士団は戦う

騎士団員

テンプル騎士団が正式な修道会として組織されれば、もう単に意気投合した仲間たちで良しとされるわけがない。騎士団員の構成なども、会則、慣習律、教皇勅書のなかで、きちんと定められていくので、これも触れておくことにしたい。

なんといっても、まずはテンプル騎士（chevalier）である。一一二八年の会則で修道士になるとされたのも、騎士だけだった。おいおい触れていくように、他にも団員はいるのだが、騎士こそは花形であり、活動の主体であることは言を俟《ま》たない。テンプル騎士団の象徴とされる白マントをまとえるのも騎士だけで、他は黒や茶色、灰色のマントで我慢しなければならなかった。

それほどの地位だけに、騎士として入団するには様々な条件が課せられた。妻帯していない者、他の修道会に属していない者、債務者でない者、身体強壮な者、入団のために贈賄を試みたことのない者、騎士の血統に属する者、聖職者に叙階されていない者、破門されていない者とあって、なかなか厳しい条件である。

仮にテンプル騎士団が掲げる理想や、励行している活動には共感できても、これでは滅多な人間では参加できない。が、そこは救済措置がないではなかった。

例えば、妻帯者である。修道士になれないために、テンプル騎士にはなれないが、この手合いは準団員（associé）として、騎士団と行動をともにすることができた。まだ妻帯者ではないが、生涯修道士としては生きられない、いずれは妻帯しなければならないという、例えば大貴族の跡取り息子というような向きには、期限付き騎士（chevalier à terme）になるという道があった。往々一年という期限を決めて、その間だけ修道会則に従いながら、テンプル騎士団の活動に参加するという方法である。初代総長ユーグ・ドゥ・パイヤンを喜ばせたアンジュー伯フルクこと、メリザンド王女と結婚して、ほどなくエルサレム王となる大貴族も実のところ、この期限付き騎士としての参加だった。

少し後のローマ教皇ハドリアヌス四世（在位一一五四〜一一五九）など、一年間、自らの出費でテンプル騎士団に務めた者には免罪が与えられると宣言して、この期限付きの活動を推奨している。盾持ち（écuyer）や従者（valet d'armes）なども、期限付きで参加できた。これらは特定の騎士に従う役割だった。身分は修道士といいながら、テンプル騎士も馬を引き、武具を運び、具足をつけなければならないからには、世俗の騎士と同じに御付《おつき》の者を欠かすことができなかったのだ。

テンプル騎士団は組織としても、下働きをこなす人間を必要とした。従士（sergent）と呼ばれる者たちで、騎士の血統に属さない、つまりは貴族の生まれでない平民たちには、この道が拓かれていた。最初のうち従士は修道誓願を求められず、俗人の身分のままでいたが、一一三九年の教皇勅書からは騎士と同じに修道士とされるようになった。前述の通り同じ教皇勅書で、テンプル騎士団は独自の司祭（prêtre）を持つことも許されている。騎士団内で聖餐式《せいさんしき》を行ったり、秘蹟《ひせき》を与えたり、懺悔《ざんげ》を聞いたりする司牧も、また欠くべからざる団員だった。

空気は変わる

騎士の入団に話を戻そう。入団の条件のうち、破門については、どうか。破門というのは、何らかの破廉恥行為、冒瀆《ぼうとく》行為を行って、キリスト教徒の資格を剝奪されることだ。それをラテン語ではエクスコムニカティオという。英語のエクスコミュニケーションで、つまりはコミュニケーションの外に出す、コミュニケーションを絶つというのが原義だ。

何のコミュニケーションかというと、まずは教会と信徒のコミュニケーションである。神父に懺悔も聞いてもらえないからには、罪を許されることがない。結婚式も挙げてもらえない。独身のまま老いても、臨終の秘蹟をもらえないので、天国に行く道がない。死んだ後の軀《からだ》とて、教会の墓地に埋葬を許されないので、いつまでも路傍に放置されたままになる。その断絶は、避けがたく信徒と信徒の間のコミュニケーションにも波及する。破門されれば、もうキリスト教の社会には居場所がない。殴られても、蹴られても、殺されても、憐憫の情すらかけられない。当時のキリスト教徒にとって、破門は最大の恐怖だった。

この破門を下されるような呪わしい輩が、ましてや信仰の戦士たるテンプル騎士になれるわけがない。もっともな話だが、これまた司牧の許しを受けて、破門が解かれればよいと、やはり救済措置が設けられていた。のみならず、一一四〇年に作られたフランス語会則の十二条には、「破門された騎士たちの集まりがあることを知るにいたれば、そこに向かえと我々は命じる。その境涯に甘んじることを望まず、騎士団に加わり海外の支部に行きたいと欲する者がいたならば、単に今このときの益のためのみならず、その者たちの魂の永遠の救済のために、躊躇するべきではないからである」とある。仏法の「いわんや悪人をや」の理屈でないが、破門された者こそ積極的に勧誘せよというのである。

わからないではない気もするが、しかし、である。一一二八年のラテン語会則の十二条には「破門されていない騎士たちの集まりがあることを知るにいたれば、単に今このときの益のためであるに留まらず、その者たちの魂を永遠に救済するためにも、ただちに勧誘に向かえと我々は要求する」とある。全く意味が逆になるが、これはラテン語からフランス語に直されるときに起きた誤訳なのか。あるいは意図的な改変が施されたのか。

改変は他にもある。テンプル騎士になりたいと願う者には、実は修練期間が課されることが定められている。ラテン語会則の十一条に「もしある騎士が、あるいは他の俗人が、堕落の群れから脱け出し、俗世を捨て、共同生活を送ることを望んでも、その受け入れを急ぎすぎてはならない。（中略）修練期間は総長の見立てと判断で、罪なき生活が完遂されたとみなされるまで続く」とあるが、これがフランス語版では削除されてしまっているのだ。前の改変と合わせて考えるなら、少し前まで破門されていた騎士でも、ろくろく修練期間も置かずに、すぐさまテンプル騎士になれたことになる。

いいかえれば、入団のハードルが低くなっている。一一二八年のラテン語会則から一一四〇年のフランス語会則までの間に、いったい何が起きたのか。破門された者を入団させる例が増えたのか。修練期間まで軽んじて、どんどん入団しやすくして、なるべく多くの者を入団させたいということか。どうでも数を増やしたかったのだとすれば、それは何故のことなのか。

試みに従士に目を転じると、こちらは徐々に二種に分かれていった。労役従士（sergent de métiers）と従軍従士（sergent d'armes）の二種である。元が雑多な仕事をしていた従士だが、それが他の修道会にもみられるような料理人やパン焼き、テンプル騎士団ならではというところでは蹄鉄《ていてつ》打ちや馬具職人といった労役を主とする者から分かれて、従軍を専らとする者が出てきたのだ。騎士の行く先々に同道して、騎士が騎兵の役割を果たすとすれば、かたわらで歩兵の役目を果たしたのが従軍従士なのである。

一一六〇年頃からは、トルコ式兵(turcople)と呼ばれる者たちも、騎士団の一員となる。これは東方で徴募《ちょうぼ》された兵たちで、現地のキリスト教徒だったり、イスラム教徒からの改宗者だったり、双方の子供だったりした。騎士が重装騎兵なら、こちらは軽装騎兵の役割を担わされ、最初は傭兵《ようへい》の扱いだったが、十三世紀半ばにはやはり修道士の身分となる。

従士の分化、トルコ式兵の採用——軍事的必要が前面に出されている。騎士団員の質的な変容は、騎士の入団条件の緩和などにみられる増員の要請とも矛盾しない。要するに戦場に出す人間がほしい、もっともっと沢山ほしいということだ。

ユーグ・ドゥ・パイヤンと八人の同志たちが志したような巡礼者の保護と巡礼路の警護、つまりは聖地における警察活動では足りない。テンプル騎士団があてにされたのは軍事活動、つまりは異教徒と戦う兵力の担い手たることだった。それゆえに認められた修道会の設立であり、それゆえに与えられた数々の特権だったというわけだ。

イベリア半島

諸国の期待感も、テンプル騎士団の警察活動というより軍事活動に寄せられていた。一一二八年、トロワ会議に続く騎士たちの行脚を迎えて、諸侯たちの寄付や寄進が気前よかったのもそのためだったのだと、端的に示してくれるのがイベリア半島の事例である。

ポルトガル女伯テレサなどは、一一二八年三月十九日、騎士団が足を運ぶに先んじて、モンデゴ河南岸のソウレ城を寄進してくれた。イベリア半島を訪れたテンプル騎士は、一一三〇年に南フランスから進んだユーグ・リゴーが最初で、会談したのがバルセロナの領主レーモン三世だった。多くの騎士と一緒に、レーモン三世自身も入団するほどの熱狂で迎えられたが、このときもオラネラ城を寄進されている。

アラゴン王アルフォンソ一世など男子がいなかったこともあって、自分の死後は王国の三分の一をテンプル騎士団に譲ると宣言した。あとの三分の一を聖ヨハネ騎士団に、あとの三分の一をエルサレムの聖墳墓教会に遺すと決めて、つまりは東方の諸勢力に国ごと譲ると宣言したわけだが、さすがに臣下に反対された。それでもクルビン城、モンテジョイ城、カラメラ城、モンソン城、ラモリーナ城と、テンプル騎士団に譲り渡している。

全く気前よく寄進してくれる。とはいえ、イベリア半島の城塞は余所と違う。寄進されたあとは勝手と、騎士団の活動のために換金したりはできなかった。有利な不動産として管理していればよい、ともいかない。それどころか、もらった城に騎士団員を入れ、馬から武器から装備からを万全にして、土地を守り、あるいは敵に抜かれないよう、常に身構えていなければならなかった。その城というのが、ことごとく国境地帯に位置するものだったからだ。誰に抜かれる心配があるかといえば、イスラム教徒が攻めてくるかもしれなかったのだ。

東方だけではない。イスラム教徒は西方イベリア半島にもいた。それも八世紀の昔からいた。七一一年、北アフリカ沿岸の西端にまで達したウマイヤ朝は、ジブラルタル海峡を越えて侵攻してきたのだ。当時あったのが西ゴート王国だったが、迎撃の過程でロドリゴ王は戦死、イスラム教徒は十年かからず、イベリア半島全土を手に入れてしまった。

キリスト教徒も黙ってはいない。早くも七一八年、西ゴート貴族ペラヨを首領として決起、半島北西にアストゥリアス王国を建てる。イスラム教徒に奪われた土地を、キリスト教徒が取り戻す――いうところのレコンキスタ（国土再征服運動）の始まりである。

七五〇年にウマイヤ朝は滅び、東方からアフリカにいたる土地の主はアッバース朝に代わったが、イベリア半島には旧王朝ゆかりの人間が残り、後ウマイヤ朝として支配を続けた。これを相手にレコンキスタも続行された。ナバラ、レオン、カスティーリャ、アラゴン、ポルトガルとキリスト教徒の国を増やしながら、戦いは四百年と続けられてきたのである。

かくて迎えた十二世紀、ポルトガルでいえばモンデゴ河、カスティーリャではトレドのあたりを境として、それから南方をなおイスラム教徒に占められながら、イベリア半島のキリスト教徒はかつてない好機に恵まれていた。前の世紀の一〇三一年に後ウマイヤ朝が滅び、イスラム教徒はタイファと呼ばれる小国を乱立させて、同朋相争う体になっていたのだ。つけこんで、今こそ異教徒を追い出したい。取り戻すべき土地は、東方より先にイベリア半島だろう。当地にこそ十字軍が派遣されるべきではないか。そう声を大にしたいところに聞こえてきたのが、テンプル騎士団設立の報だったのだ。

イベリア半島の諸勢力は、レコンキスタに梃入《てこい》れする兵力として期待した。一一三二年、テンプル騎士リゴー、さらに総務長ロベール・ドゥ・クラオンは、グラヤナ地方にやってきた。ウルヘル伯エルマンゴーからバルベラ城を拝領するためだったが、九月、それを襲撃してきたイスラム教徒と戦ったのが、テンプル騎士団が経験した最初の戦闘だとされている。

ポルトガル伯（後に王）アフォンソ・エンリケスも、セラの森とその周辺をそっくり寄進してくれたが、これまた土地を占めているイスラム教徒を追い出すという条件付きだった。コインブラ、エガ、ロディンの三都市は、王との約束を遂げた後、そこにテンプル騎士団が建てたものなのである。

カスティーリャ王アルフォンソ七世が、一一四六年の戦争でイスラム教徒から奪取したのが、トレド南東のカラトラバ城だった。文字通り最前線の城塞だが、これを自身の兵力で保持するのは困難であるとして、翌一一四七年にはやはりテンプル騎士団に贈られた。その守備に尽力し、あるいは入植を進める日々が始まるが、このカラトラバ城に関していえば、一一五七年のアルフォンソ王の崩御を機に、これ以上の保持は困難として返上した。

後を継いだサンチョ三世が、かわりの担い手を探したところ、応えたのがナバラ王国のシトー会士ライムンドだった。一一五八年から一党を率いて、防衛と入植に尽力した末の一一六四年、テンプル騎士団に準ずる騎士修道会として、ローマ教皇アレクサンデル三世に認可されたのが、カラトラバ騎士団である。

これを嚆矢《こうし》として、イベリア半島には騎士団の設立が相次ぐ。大小様々できたが、統廃合も繰り返されて、一一五八年設立のカラトラバ騎士団に加え、一一七五年設立のサンティアゴ騎士団、一一七七年設立のアルカンタラ騎士団が、イベリア半島の三大騎士団とされるようになる。さすがレコンキスタという特殊事情を抱える土地だが、さておき他方のテンプル騎士団は、何故カラトラバ城を引き揚げたのか。

いうまでもない。テンプル騎士団の本分は、あくまで東方にあるからだ。

第二回十字軍

東方聖地はどうなっていたか。総長ユーグ・ドゥ・パイヤンが三百人のテンプル騎士を引き連れて、エルサレムのソロモン神殿跡に集う人員が充実したのみならず、一一三〇年までにはアンチオキア管区、トリポリ管区と設けて、その活動範囲を広げていた。エルサレム王ボードワン二世にすれば、質的な転換も遂げてほしい、つまりは軍事に乗り出してほしい、でなければ修道会の設立を後押しした甲斐《かい》がないと、それくらいの気持ちはあったかもしれない。懸命に説いて、一一二九年のダマスクス包囲に参陣させたともいわれるが、遠征自体が敗退に終わったこともあり、詳しいことは伝わっていない。

ユーグ・ドゥ・パイヤン率いるテンプル騎士団はといえば、変わらず巡礼者の保護、巡礼路の警備といった警察活動を励行するばかりだった。しかし、その初代総長も神の御許《みもと》に召された。一一三六年五月二十四日のことで、後任に選ばれ、第二代総長になったのが、ロベール・ドゥ・クラオンだった。イベリア半島のバルベラ城で、テンプル騎士団初となる戦闘を率いた、総務長ロベール、その人である。一一三九年には教皇勅書を引き出して、テンプル騎士団に多くの特権をもたらす総長でもある。フランス語会則の作成も一一四〇年と、その任期中のことだ。初代総長ユーグ・ドゥ・パイヤンは、どちらかというと生真面目な堅物、一徹な武辺者だったが、二代総長ロベール・ドゥ・クラオンのほうは柔軟かつ現実的な政治家、行政家の趣である。かかる個性も微妙に働いてか、テンプル騎士団は世の声に応えて、東方でも段々と軍事行動に手を染めるようになる。

まずは一一三七年、十八人のテンプル騎士がトリポリ伯領の東端、モンフェラン城（バリン城）に籠城していた記録があるが、それはボードワン二世に代わった新しいエルサレム王、自身もテンプル騎士だったアンジュー伯フルク五世の護衛としてだった。アレッポ地方の太守ザンギに城を落とされ、一度は捕虜とされた王だったが、釈放された後の一一三九年、今度は越ヨルダン地方に遠征している。その留守中、エルサレム王国の保全を委ねられたのが、テンプル騎士だった。テコアの戦いは、その間の出来事である。

テコアはベツレヘムの南八キロにある小都市だが、それをトルコの兵団が占領した。取り戻すために、ロベール・ドゥ・クラオンはテンプル騎士団を率いて進撃した。その姿を認めるや、トルコ兵は敗走したが、その後も何度となく煮え湯を飲まされるように、これがイスラム教徒の手だった。相手を油断させ、そこに多勢を率いて戻るのだ。このときもトルコ軍は倍した兵数でテコアに戻り、無邪気に都市の奪還を喜んでいたテンプル騎士たちに、大挙襲いかかっている。住民ともども多くの死傷者を出し、なんとも苦い経験になってしまったが、この戦いはテンプル騎士団としても、業を煮やしての行動だったに違いない。

トルコ兵たちはアスカロンを根城にしていた。来襲は今に始まる話でなく、そこからヤッファ、さらにエルサレムに通じる街道、あるいはエルサレムからヘブロンに通じる街道を脅かす事件は、すでに頻発していたのだ。そもそも警察活動と軍事活動が、はっきり線引きされる時代ではないながら、これら一連の動きは巡礼者の保護、巡礼路の警備から、要人の護衛、都市や要地を巡る攻防、さらには野戦、合戦に進んでいく過渡期と位置づけられるかもしれない。

逆戻りはなかった。一一四三年、エルサレム王フルクが崩御した。息子のボードワン三世が即位したが、この王位交替の間隙を突くようにして、ザンギとその息子ヌール・アッディンがエデッサ伯領に侵攻した。一一四四年には都市エデッサまで陥落、かろうじて聖ヨハネ騎士団が要衝《ようしょう》クラック・デ・シュヴァリエ城で持ちこたえるだけになった。

イスラム勢力は攻勢を強めてきた。半世紀前は、セルジュク朝、アッバース朝、ファーティマ朝、さらにその内部でも内紛を繰り返していたところに、キリスト教徒の唐突な来襲を受けて大敗した。その退勢を挽回《ばんかい》しようと、いよいよ「聖戦《ジハード》」の言葉を掲げながら出てきたのだ。

戦況は西方にも伝えられる。一一四六年三月三十一日、老ベルナール・ドゥ・クレルヴォーは最後の力を振り絞り、フランス中部の都市ヴェズレーで演説を試みた。訴えたのが、第二回十字軍だった。諸国は再び熱狂に囚われた。参加を表明したのがドイツの神聖ローマ皇帝コンラッド三世、そしてフランス王ルイ七世だった。

テンプル騎士団も参加を呼びかけられた。一一四七年四月二十七日、フランス管区長エヴラール・デ・バールは、パリの「タンプル」に参事会を招集した。集まったのは、フランス管区とスペイン管区から駆けつけた、全部で百三十人のテンプル騎士である。少なからずが、すでにレコンキスタで戦いを経験した猛者たちだ。カラトラバ城を与えられたのも同年だったが、もうイベリア半島に専心するわけにはいかなかったのだ。

参事会には、フランス王、ランス大司教、なかんずくローマ教皇エウゲニウス三世も出席した。シトー会の出身で、ベルナール・ドゥ・クレルヴォーの弟子でもある教皇は、揃いの白マントで参集したテンプル騎士たちを前に、「この勝利の徴《しるし》が面々の盾となり、いかなる異教徒を前にしても、背を向けて逃げることのないように」するために、赤い十字架を左胸の心臓の上につけよと命じた。以後、白地に赤十字はテンプル騎士団の紋章になる。それは十字軍という戦争を戦うために、テンプル騎士が完全に生まれ変わった徴でもあった。

テンプル騎士団の赤十字の制服
写真提供：Rue des Archives / PPS通信社

百三十人のテンプル騎士を引き連れて、エヴラール・デ・バールは東方に出発する。このフランス管区長が、ほどなく第三代テンプル騎士団総長となるのである。

呪わしき山

第二回十字軍は、神聖ローマ皇帝コンラッド三世、フランス王ルイ七世の参加を得られて、公や伯に率いられた第一回十字軍と比べても、しごく豪華な顔ぶれだった。進撃も華やかだったかというと、これがイスラム教徒が攻勢を強めるなかで思うに任せていない。まずコンラッド三世だが、東方に渡って間もない一一四七年十月二十五日、小アジアのドリュレイオン近郊で、トルコ軍の軽騎兵に急襲された。身動きならない渓谷の隘路《あいろ》で一方的に攻められ、三万人もの兵士が死んだというから、まさに惨劇である。

フランス王ルイ七世は大丈夫か。こちらの軍勢は十一月初頭にニケーアに着き、そこでドイツ人たちの災難を聞くと、慎重策でエーゲ海沿岸を南下した。が、一一四九年一月には危険地帯の小アジア、ピシディア渓谷を東に抜けざるをえなくなる。行く手を阻むトルコ兵を追い立てながらラオディケアに進出、さらにアッタリアに抜けようとして、一月六日に差しかかったのが、王の秘書官オドン・ドゥ・ドゥイユが後に「呪わしき山」と呼んだ難所、カドムュス山だった。

ルイ七世は家臣ジョフロワ・ドゥ・ランコーニュに前衛の軍を預け、谷川の渡河点を探させた。みつけたランコーニュが勝手に対岸に渡り、そのため軍が二分したとき、トルコの軽騎兵が急襲してきた。やはり隘路で、荷馬車や行李《こうり》が支《つか》えて身動きならず、フランス王の兵士たちはパニックに見舞われた。絶体絶命のピンチ、ドイツ人たちの二の舞かと思いきや、こちらには頼れる男たちがいたのだ。パリの「タンプル」で胸に赤十字を帯びたまま、東方までフランス王に同道してきたエヴラール・デ・バールと、このフランス管区長に従うテンプル騎士たちだ。

テンプル騎士たちは落ち着いていた。ひとつには敵の出方を予想できたからだった。退散したとみせかけて、戻ってきては襲いかかる。かかるイスラム教徒の戦い方は、イベリア半島でも経験済みだったのだ。テンプル騎士団は見事に戦い、ルイ七世とその軍勢の窮地を救った。翌日から王はバールの意見で軍を再編、テンプル騎士団には全軍の後衛、殿軍《しんがり》の役割を頼んだ。前衛はといえば、ランコーニュのかわりに「老騎士ジェラール」と呼ばれるテンプル騎士が、その指揮を任されることになった。

以後、これが一種の約束事になる。東方で行軍が組まれるときは、ほぼ常にテンプル騎士団が、前衛もしくは後衛を任されるようになるのだ。

ルイ七世
写真提供：Rue des Archives / PPS通信社

イスラム教徒との戦いに馴《な》れているといえば、聖ヨハネ騎士団も後れを取るものではない。前衛がテンプル騎士団、後衛が聖ヨハネ騎士団、あるいは逆に、あるいは一緒に行軍するという場合も増えていく。エルサレムに本部を置いて、当然ながら東方に土地勘もあるわけで、とりわけ遠征の主体が西方から訪れていた場合には、両騎士団の同行が欠かせなくなっていくのだ。

第二回十字軍に話を戻せば、ドイツ、フランスの両軍とも、奪われたエデッサ伯領を取り戻そうとするのではなかった。ルイ七世が王妃エレオノールとアンチオキア侯レイモンの不義を疑い、あげくアンチオキア侯領に滞在することすら嫌ったため、戦略は二転三転してしまった。最後はダマスクスを攻撃したが敗れ、七月二十八日には引き揚げとなり、秋にはコンラッド三世、ルイ七世の順で東方を後にしてしまう。これで第二回十字軍は終幕である。軍事活動といいながら、コンラッド三世もルイ七世も巡礼気分のほうが大きかったようで、エルサレムさえ詣でられれば、もう満足ということだったのかもしれない。

アスカロン

第一回のときのように十字軍国家が建てられるわけでなし、新たに西方から来る軍勢は、お客さんでしかないのか。東方のことは東方に根付いた者でやるしかないのか。第二回十字軍が引き揚げても、当然ながらイスラム教徒の攻勢が弱まるでなく、闘争が終わりになるでもない。

戦いの主体は、やはりエルサレム王だった。そのボードワン三世が一一五〇年、テンプル騎士団に下賜《かし》したのが、地中海に面するガザ城だった。

年代記作者エルヌールによれば、王は自ら新たに築いたガザの「その城がとてもよくできたので、全会一致の助言により、テンプル騎士団にこれを与えた。その修道会には、良き騎士である修道士たちと俗人たちが、十分な数でいるというのが、あえて下賜した理由だった」。第三代総長となったエヴラール・デ・バールの下、この頃でテンプル騎士団は騎士六百人を超えていたといわれるが、その力をみこまれ、与えられた数々の厚遇の裏には、いうまでもなくイベリア半島と同じ要請がある。与えた城に兵を入れ、イスラム教徒の襲来から、それを守れというのである。

いいかえれば、テンプル騎士団は東方でも守備隊としての仕事、軍事拠点の保持と防衛の役割を委ねられた。ガザにしても、エルサレム王国の南の国境地帯を固める要衝だった。いや、ただ守るだけではない。ガザはやや北にあるイスラム教徒の軍事拠点、アスカロンを攻めるためにも重要だった。エジプトのファーティマ朝が支配するアスカロンは、北のヤッファ、南のガザとキリスト教徒が押さえた今や、パレスチナ海岸の南部において、イスラム教徒が保持する唯一の港町になっていた。兵団出撃の拠点、巡礼を襲う山賊盗賊の根城でもあり、テンプル騎士団としても苦々しく考えてきた場所だ。ボードワン三世に参戦を求められると、勢いこんで出陣したのも、ごくごく自然な成り行きだった。

一一五三年一月二十五日、アスカロン包囲が始まった。テンプル騎士団を率いたのは、第四代総長ベルナール・ドゥ・トレムレーだった。第三代総長バールは騎士団の位階を極めながら、そこから退き、シトー会に入りなおし、一介の修道士として生きる道に転じていた。信仰上の煩悶《はんもん》ゆえと伝えられるが、それは苛烈の度を増すばかりの戦いに嫌気が差したということだったかもしれない。

アスカロン包囲も激戦だった。エルサレム王は大がかりにも攻城塔《こうじょうとう》という、敵城壁と同じ高さの移動式櫓《やぐら》まで持ちこんだが、なかなか功を奏さない。逆にイスラム教徒が城塞から出撃して、その攻城塔に火をつけた。八月十三日のことだが、これで万事休すかと思いきや、火事の熱で城壁の石材が割れた。城内突入の好機だ。が、それは敵の懐に飛びこんでいくという意味だ。この危険な作戦を決行したのが、トレムレーと四十人のテンプル騎士たちだった。

結論からいえば、無謀にすぎた。突入したテンプル騎士たちは、トレムレーはじめ全員が奮戦虚しく討ち死にした。浅はかな総長だとか、手柄を焦ったとか、ガザに続いてアスカロンも手に入れようとした強欲の末だとか、年代記作者たちは総じて酷評するのだが、さておき、ここで注目するべきは、テンプル騎士団が攻めの戦いにも乗り出した点である。

巡礼者の保護、巡礼路の警備といった警察活動を抜け出して、要人の護衛、要地の守備、行軍の安全確保と活動の幅を広げてきたが、いずれも消極的な、あるいは受動的な軍事活動である。日本の自衛隊よろしく、あくまでも守りの戦いだ。

アスカロンの戦いは違う。敵の城塞を奪うという、積極的かつ能動的な戦いに身を投じて、なんの留保もない全《まつた》き軍隊として振る舞っている。しかも嫌々ながらでなく、士気も高い。他の騎士たち、兵士たちが尻ごみするような作戦でも、テンプル騎士たちは率先して戦うのだ。

これに皆が引きずられる。テンプル騎士たちの奮闘をきっかけに、エルサレム王の軍勢は奮起した。猛攻撃を敢行してアスカロンを占領したのは、テンプル騎士たちの惨劇から一週間とたたない、八月十九日のことだった。

エジプトへ

アスカロンの占領で、パレスチナ海岸にイスラム教徒の拠点がなくなった。キリスト教徒は以後、ファーティマ朝のエジプトと直に向き合うことになる。前にも触れたが、この時代のイスラム教徒は、トルコのセルジュク朝、シリアのアッバース朝、エジプトのファーティマ朝に大きく分けられる。最も衰微が激しいのがアッバース朝のカリフで、かわりに求心力を発揮したのがアレッポの太守ザンギ、その没後は息子のヌール・アッディンだった。いうところのザンギ朝だが、これがカリフの都ダマスクスまで手に入れて、キリスト教徒の最大の敵になっていた。

　ファーティマ朝も弱体化が目についた。そこにつけこんで、ザンギ、そしてヌール・アッディンがシリアからエジプトにかけた諸勢力の糾合を目論《もくろ》むならば、ザンギ朝はファーティマ朝にとっても敵ということになる。敵の敵は味方だと、キリスト教徒は必ずしもファーティマ朝と敵対せず、かえって友好関係を心がけた。テンプル騎士団も然《しか》りだ。例えば一一五四年にカリフが暗殺されたとき、ガザ駐留の騎士たちが犯人のナスル・アッディンを捕まえ、カリフの妹に引き渡すことで、礼金六万ディナルを贈られている。

　かたわら、ヌール・アッディンとの戦いは激化の一途を辿る。テンプル騎士団の総長は、第五代にアンドレ・ドゥ・モンバールがつき、それも一一五六年に病死したので、ベルトラン・ドゥ・ブランクフォールが第六代になった。就任直後からゴラン高原に出兵し、一一五七年六月にはパネアス包囲から引き揚げるエルサレム王に殿軍を任されたが、そこを襲われ、ブランクフォールは八十七人の騎士と一緒に捕虜に取られてしまう。

　エルサレム王家のほうは、一一六二年にボードワン三世が隠れ、弟がアモーリ一世として後を継いだ。この王も対アレッポ、親エジプトの方針であり、一一六三年九月には自ら軍を率いて、エジプトに侵攻してきたヌール・アッディンの部将、シルクーフを追いはらっている。

　王の留守にヌール・アッディンがアンチオキアに攻めてきたが、その包囲に抗戦したのが、エルサレム管区長兼財務官ジョフロワ・フーシェに率いられるテンプル騎士たちだった。籠城したのは七十人から八十人だったが、自ら城門を飛び出していく攻撃を敢行して、生き延びたのは僅かに七人と伝えられる。甲斐あってアンチオキアは陥落を免れたが、テンプル騎士は一一六四年八月、エジプトのハリムの戦いでも、騎士六十人を戦死させる玉砕戦を演じている。士気の高さは相変わらずで、死をも恐れぬ好戦性は、もはやテンプル騎士団の属性とみるべきかもしれない。

テンプル騎士団には要地の守護という役割も、以前に増して期待された。一一六五年、エルサレム王から北部国境の要衝トルトーザ城、さらにガリラヤ湖北岸のサフェト城と与えられ、その防衛を委ねられている。強まるばかりのヌール・アッディンの圧力を前にして、サフェト城の例をみても、「武器と馬を揃えた修道士たる騎士が五十人、従士が三十人、さらに同じく武器と馬を揃えたトルコ式兵が五十人、弩兵《どへい》が三百人、労役や他の仕事を賄う八百二十人に加えて、奴隷まで四百人ほど使用する守備隊」を常駐させていたというから、一通りの負担ならざる大変な任務である。

攻防いずれの戦いぶりをみても、もはや補助的な兵力、副次的な兵力だとはいえない。僅か一世代にして、テンプル騎士団はキリスト教徒の主力、でなくとも欠くべからざる兵力に成長したのである。その存在感も大きくなる。影響力、発言力も増していく。

一一六七年、エルサレム王アモーリ一世は正使にカエサレア伯、副使にテンプル騎士フーシェを擁して交渉を進め、ファーティマ朝カリフと正式な同盟を結んだ。その同じ年、ヌール・アッディンは部将シルクーフを派して再びエジプトを攻めたが、それを王はババイン、アレクサンドリアから再び追いはらっている。八月、エジプトのカリフは毎年の朝貢を約束し、キリスト教徒の兵団をカイロに常駐させることまで容《い》れた。ところが、だ。

属国同然となったところで欲が出たか、いっそ我が物にしようと、アモーリ王は一一六八年にエジプト遠征を企てた。参加を請われて、聖ヨハネ騎士団総長ジェルベール・ダッサイイは兵団を送り出したが、テンプル騎士団総長ベルトラン・ドゥ・ブランクフォールはそれを拒否した。年代記作者ギョーム・ドゥ・ティルがいうように、テンプル騎士たちが「王は誓いをもって交わした協定に違反しており、エジプト人を攻める正当な理由を持たないと考えたのは奇妙でない」が、それにしても王の命令に背いたのだ。

テンプル騎士団はローマ教皇直属の修道会であり、エルサレム王の家来ではない。とはいえ、これまで王家の後援を受けてきたし、それゆえに王家の意に沿い、王家と行動をともにしてきた。この慣例から逃れ、全き兵力として存在感を強めるばかりのテンプル騎士団は、いよいよ自前の意志を持つようになったのだ。

アモーリ王の愚かしさに弁護の余地はない。エジプトを攻めては、ファーティマ朝のカリフに同じイスラム教徒としてシリアと手を結ぶよう促したも同然だからである。のみならず、キリスト教徒の未来まで暗くした。ヌール・アッディンの部将シルクーフは、主の名代としてカイロの宮廷に地歩を占めたが、一一六九年に没すると、それを受け継いだのが甥のサラディン（サラフ・アッディン）だったからである。

いわずと知れた、イスラム最大の英雄だ。一一七一年にはファーティマ朝のカリフを廃して、エジプトの支配者になる。一一七四年にはヌール・アッディンが没したが、継いだ息子のマリク・エッサリクは十五歳の少年だった。これを廃し、サラディンはシリアの覇権まで手に入れた。ここにイスラム世界は、シリアからエジプトまでを支配する巨大勢力、アイユーブ朝の成立をみるのである。

サラディンとの戦い

一一七四年には、七月十一日にエルサレム王アモーリ一世も崩御していた。王位を継いだ息子がボードワン四世で、これまた十三歳の少年にすぎなかった。しかもハンセン病に冒された顔を、仮面で隠していたとされる。二〇〇五年のハリウッド映画、『キングダム・オブ・ヘヴン』に出てきた王のことだ。

最初に迎えた大きな戦いが、一一七七年十一月二十二日のモンジザールの戦いである。このときでもボードワン四世は十六歳にすぎなかったが、サラディンが三万の軍勢で攻めてくると、僅か五百の騎士を率いて出陣した。ガザから八十人の騎士を急行させて、そこにはテンプル騎士団も加勢していた。エルサレム王家に仕えるわけではないながら、無闇《むやみ》に敵対するわけでもない。自らが納得できれば出兵する。変わらぬ奮戦も示す。モンジザールの戦いでも、総長ウード・ドゥ・サンタマンが敵軍の捕虜に

サラディン
写真提供：Mary Evans / PPS通信社

取られ、そのまま獄死に終わっている。テンプル騎士団は、やはり最前線で戦ったのだ。

かかる奮闘もあって、エルサレム王の軍勢は奇跡的な勝利を収めた。ボードワン四世は名君になれたかもしれないが、一一八五年三月十六日、惜しくも二十四歳で没した。五歳の甥がボードワン五世として即位したが、それも僅か一年半にも満たない在位で病死する。四世の姉で、五世の母にあたるシビーユ王女に継承権が移動したため、一一八六年八月二十一日、その夫の

ギィ・ドゥ・リュジニャンが次のエルサレム王になる。リュジニャン家は西部フランス、ポワトゥー地方の大貴族だが、相続に恵まれない次男のギィは、東方に夢を託して第二回十字軍に加わり、そのままエルサレム王家に食いこんでいたのだ。

ギィの台頭には他でもない、政治力さえふるい始めたテンプル騎士団の後押しがあった。が、後押しが必要だったからには、文句なしの即位とはいかず、東方諸侯の合議でトリポリ伯レイモン三世が摂政となる条件がついた。このトリポリ伯とギィ・ドゥ・リュジニャンは、かねて隠れもない不仲だった。また伯もエルサレム王に臣従の礼を取らず、他面独自にサラディンと同盟を結んでいるという、一筋縄ではいかない人物だった。トリポリ伯はテンプル騎士団総長ジェラール・ドゥ・リドフォールとも、個人的な確執ある間柄だ。いや、このジェラールも一癖あったというべきか。

元々は世俗の騎士で、やはり一山当てようと第二回十字軍に加わり、東方に居つくと、最初はトリポリ伯に仕えた。ボトルンの領主になりかけたが、それを伯が認めなかったので、エルサレム王家への奉公に鞍替《くらが》えしたのだ。王家では元帥にまで任じられたが、そこでまたぞろテンプル騎士団に鞍替えした。より美味《おい》しいと踏んだのだろう。野心のまま、一一八四年に総長に上り詰めた奸物《かんぶつ》が、ジェラール・ドゥ・リドフォールなのである。

なんだか怪しい輩ばかりになってきた。聖地奪回から、そろそろ一世紀、この頃の東方は西方の野心の捌《は》け口《ぐち》になっていたようだ。ルノー・ドゥ・シャティオンも山師の類で、越ヨルダン地方でクラック・ドゥ・モアブとモンレアルの城主になっていた。これが一一八七年初頭、自領を通るエジプト人の商隊を襲撃する事件を起こした。休戦中のことで、明らかな協定違反だ。

これに怒った、というより、これを口実に兵を起こしたのが、サラディンだった。戦争再開となるや、テンプル騎士団総長ジェラール・ドゥ・リドフォールが先走った。五月、百四十人のテンプル騎士と五百人の従士を率いて、カザル・ロベールで七千のイスラム軍に突撃したのだ。例の無謀な猪突猛進で、結果は総長を含め三人しか生き残れなかったという惨敗だった。それでも、戦い方が改まるわけではない。

六月末、サラディンはティベリアスの包囲にかかった。キリスト教徒も黙ってはいられない。その救援のために、エルサレム王は千二百人の騎士、全部で二万余の軍勢をセフォリアに集結させた。騎士の内訳をいえば、六百人が世俗の騎士、三百人が聖ヨハネ騎士、そして三百人が新たに動員されたテンプル騎士である。応分に従士や傭兵が率いられたと考えられるからには、両騎士団が兵力の半分を、それぞれが単独でも四分の一を占めていたことになる。発言力や影響力も、応分に大きくなる。

軍議においてトリポリ伯は、サラディンの退却を待つべしと慎重策を主張した。自身がティベリアスの領主だったにもかかわらず、だ。これを容れなかったのがエルサレム王ギィであり、テンプル騎士団総長ジェラールだった。両者に押し切られる格好で、軍勢は七月三日に進撃を開始した。テンプル騎士団と聖ヨハネ騎士団が、やはり殿軍である。

まず目指したのが、水源のハッティンだった。その丘で野営を決めると、斜面の裏側でサラディンの軍勢が待ち伏せしていた。七月四日に始まった戦闘は、またしてもキリスト教徒の惨敗に終わった。トリポリ伯はなんとか逃げたが、多くが殺され、生きて捕らえられた者も、ほぼ全員が斬首された。エルサレム王ギィとテンプル騎士団総長ジェラールは殺されなかったが、二人は諸都市、諸城塞に降伏を勧告するなど、敗戦処理をさせられることになる。

イスラム教徒の勢いは止まらず、七月のうちにアッコン、そしてシドンと押さえた。九月二十日にはエルサレム包囲が始まり、キリスト教徒は映画のなかで主役を務めたバリアン・ディブランの下で抗戦するが、十月二日には陥落となってしまう。エルサレム王ギィはアスカロンを、テンプル騎士団総長ジェラールはガザはじめ数城をサラディンに引き渡し、再び武器を取ることはないと誓約して、一一八八年五月、ようやく身柄を解放された。二人を迎えたリッダ司教は、神の名において誓約無効を宣言したが、全ては後の祭りである。いわゆる十字軍国家はアンチオキア、トリポリ、テュロスなど数都市を残すのみで、ほとんどが失われた。

なぜ強いか

ファンタジーならぬリアルな歴史の話であれば、世に無敵の騎士とはいかない。とはいえ、みてきたようにテンプル騎士団は、東方キリスト教徒の戦いにおいて、まさに欠くべからざる兵力、十字軍の主力のひとつといえる働きを示している。エルサレムの神殿跡に身を寄せていたあの貧しき騎士たちが、あれよという間に、東方に、西方に、いや、イスラム世界にいたるまで、その武名を轟かせるようになったのだ。なぜかと問われれば、端的に強いからだと答えられようが、では、その強さの秘密とは何か。

わかりやすいところでいえば、まず量的な要素がある。端的に沢山の兵士を出せたということだ。テンプル騎士団が一度の遠征に出す兵数が、騎士にして三百から四百、従士を入れれば千人ほどになり、キリスト教徒の軍勢全体の四分の一を占めたという例は、先にみた一一八七年七月のハッティンの戦いにかぎらない。聖ヨハネ騎士団と合わせれば半分となり、これで騎士団の存在感が小さかろうはずもないのだ。

もちろん占有率が四分の一より低くなる場合もある。諸々の事情から兵数を出せないときもあるし、たとえ最大限の努力ができたとしても、全軍の規模が肥大化——例えば西方から皇帝だの王だのが、三万、四万と大軍を引き連れてくるならば、千人程度で大きな顔はできない。

が、数に物をいわせられない場合でも、テンプル騎士団の存在感はさほど損なわれていない。その強さにはもうひとつ、質的な要素もあったのだ。

テンプル騎士団の質——それは経験値の高さ、つまりはイスラム教徒と戦い慣れていたことか。もしくは東方を主たる活動の場として、その地理や気候、はたまた風俗習慣にいたるまで、詳しくなっていたからか。それらの理由も、確かにある。一一四九年一月、フランス王ルイ七世に同道したときのように、決定的な強みとなる場面すらある。が、それをいうなら、エルサレム王やトリポリ伯の兵士も同じなのだ。テンプル騎士団、のみならず聖ヨハネ騎士団を含めた騎士団というものが、他の東方勢力に増して出色の活躍をするからには、その強さにはより本質的な理由があると考えなければならない。

それは何か。さしあたりヒントになるのは、テンプル騎士たちの士気の高さ——無謀な突撃でも躊躇なく敢行し、異常に高い死亡率まで記録してしまうという、あの勇猛果敢な戦いぶりである。

修道士だから強い

その戦いばかり追いかけていると、ついつい忘れがちになるが、テンプル騎士は他面で修道士の顔を持つ。聖ヨハネ騎士も然りで、そこが世俗の騎士との最大の違いである。

修道士だから神のために戦う。死を恐れないのでなく、死を望んでいる。士気の高さは殉教の志向なのだと打《ぶ》ち上げては、あまりにも短絡的か。少なくとも初期については、あながち否定できまいと思うのだが、さておき死を望むとか、殉教の志向があるとか、究極の境地に達する以前に、修道士には修道士に特有の心性がある。それが習慣となり、生活様式を作り、行動様式まで決めていく。戦い方も世俗の騎士とは違ってくる。

まず修道士はエゴの克服を求められた。我儘《わがまま》をいうな、我欲を抑えよ、自分を主張するな、自分が目立とうとするな等々、今日でもミッション系の学校で説かれるような道徳だ。これが戦いの場に持ちこまれると、どうなるか。名を挙げたい、手柄を立てたい、金持ちになりたい等々、利己的な動機からは戦えない。違う言い方をすれば、ヒーローを目指してはならない。修道騎士はアンチ・ヒーロー主義なのである。

日本に「滅私奉公」という言葉があるが、エゴの克服の帰結であるアンチ・ヒーロー主義は、集団行動を助ける考え方でもある。いかな英雄も自分勝手に行動されては、組織の厄介者でしかない。当たり前の話だが、これが中世の軍隊には通用しなかった。なかんずく世俗の騎士には容易に受け入れられるものではない。名を挙げたい。血統に基づく輩であれば、挙げたいのは家名のほうかもしれないが、いずれにせよ他から抜きん出ることこそが、騎士の戦いの大目的だったからである。

勢い、騎士は個人行動に走る。それでは駄目だと、それこそ聖ベルナールあたりを呼んで、こんこんと説教してもらったとしても、騎士たちにはやはり集団行動は難しい。個々人で物理的な条件が異なるからだ。装備から、それぞれに違う。騎士といえば、武器自慢、鎧自慢、馬自慢が相場だが、どうして自慢せずにはいられないかといえば、自前で大枚を叩《はた》いているからである。騎士たちの装備は基本的に自弁なのだ。金持ち騎士と貧乏騎士では、最初から装備が違う。かたや光り耀く鎖帷子《くさりかたびら》、かたや錆《さ》びて穴だらけ。かたや名刀、かたやナマクラ。かたや駿馬、かたや駄馬。こんな状態の騎士たちに、横並びの行動など求めようがないのである。

かかる不都合がテンプル騎士にはなかった。エゴの克服は清貧の思想に結びつく。清く貧しくという修道士の理想から、そもそもテンプル騎士には私有財産が認められていない。全ての物品は共有、つまりは騎士修道会の所有なのだ。

武具や鎧の類も例外でなく、全て支給制になっていた。会則によれば、騎士は「長鎖帷子、肩当、鎖ズボン、鉄靴、兜《かぶと》、盾、長槍、剣、トルコ風ハンマー、短剣」を、従士は「籠手《こて》なしの短鎖帷子、鉄帽子、鉄靴なしのズボン、盾」を、それぞれの所属支部で配られるのだ。戦術が求めるときは、弓や弩《いしゆみ》なども騎士団が支給した。「夏服、冬服、寝具、食器、一人用テント、糧秣《りようまつ》」と定められる携行品も支給された。与えられるのではないから、あるいは貸与というべきか。騎士も従士も仕事が終われば、もしくは遠征から帰れば、全て騎士団に返さなければならない。戦わないときは修道士であり、祈りの日々に戦争の道具は必要ないのだ。

当然ながら、テンプル騎士の装備は全て統一基準である。止《とど》めが揃いの陣羽織で、騎士たちは白地に胸の赤十字という集団の美を整える。従士は地が黒や灰色だが、やはり皆が赤十字をつける。テンプル騎士団には、要するにユニフォームがあった。皆で揃えれば、皆が自《おの》ずと団結する。チームプレーが促され、反対にスタンドプレーはしにくくなる。やっても、皆が同じ具足、同じ武器、同じ陣羽織なのだから、誰が誰やらわからない。

この正反対が、世俗の騎士たちだった。同じ陣羽織を着ている騎士は、まずいない。フランス王なら青地に金百合《きんゆり》、イングランド王なら赤地に金獅子《きんじし》、いや、王侯ならざる一介の騎士たちにいたるまで、先祖伝来の色と模様、つまりは家紋をあしらっている。世に盾紋ともいうように、それを戦場ではこぞって身にまとうのだ。色とりどりといえば色とりどり、バラバラといえばバラバラ、いや、他に埋没してなるものかと、騎士たちが我先と功を競い合うのは、この意味でも必然なのである。

ドン・キホーテのロシナンテではないが、世俗の騎士に付き物といえば、愛馬もある。仮面ライダーのサイクロン号ではないが、ヒーローには特別な乗物が欠かせないのだ。アンチ・ヒーロー主義のテンプル騎士には、それがない。騎士団の印章からして「一頭の馬に二人乗りの騎士」であり、自分専用の馬は誰にも許されていない。入団前に乗っていた愛馬も、入団時に騎士団に寄付させられる。全ての馬は騎士団が所有し、また管理する。騎士や従士は任務に必要なときにかぎり、やはり貸与されるだけだ。

とはいえ、馬の貸与は全員が同じ条件ではない。与えられる頭数が違っていて、総長や総務長など役付が四頭、騎士が三頭、従士が一頭である。盾持ちも役付には二人つくが、騎士には一人だけで、従士には当然つかない。随行の人数も異なり、総長は従士四人、総務長は三人、軍務長は二人、地域の指揮官と都市の指揮官が一人で、それ以下にはつかない。ずいぶんと差があるが、それは別な理屈である。組織として、しっかり階層制が組まれていることの証左なのである。応じてテンプル騎士団では、上意下達の命令系統も整っていた。

修道会だから強い

テンプル騎士団は修道会であり、元々組織はしっかりしている。総長、総務長、軍務長、衣服長、エルサレム市の司令官、エルサレム王国の司令官と置かれ、活動範囲が広がるにつれ、東方ではアンチオキア管区、トリポリ管区と設けられた。西方でもフランス管区、アラゴン管区、カスティーリャ管区、ポルトガル管区と漸次的に設けられ、それぞれで管区長以下の役付も置かれていく。これら平時の階層制と一部重なりながら、テンプル騎士団には戦時の階層制もできていく。

総長が戦場にいるときは、やはり総長が最高指揮官だった。わけても作戦の立案は、総長が任されることが多かった。次が総務長で、最高指揮官代理もしくは副指揮官といった役割だが、実は一一九五年頃から記録に現れなくなる。廃止されたのだと考えられるが、かわりに重みを増していくのが軍務長だった。上役の二者がいないときは最高指揮官であり、全軍の指揮に当たる。上役がいても現場の指揮官であり、騎士たちの突撃は軍務長が率いることが多かった。兵站《へいたん》の監督も軍務長の仕事であり、その際には活動する地域の管区長を指揮下に入れた。戦場では、より下級の指揮官も軍務長の配下だった。

旗手（gonfanonier）は文字通り、テンプル騎士団の軍旗を掲げる役職である。白黒旗（gonfanon-baucent）と呼ばれる、旗というより幟《のぼり》だったが、これを預かる旗手は、盾持ちたちが集められ、騎士たちとは別に戦列を組むときには、その指揮官として働いた。他方でトルコ式兵長（turcoplier）は、従士とトルコ式兵の指揮官だった。軍務長の下には数人の軍務長補（sous-maréchal）もいて、こちらは補給の手配や物品の維持、武器や馬の管理を担ったが、その職務内容から従士も従軍従士でなく労役従士のほうを統括した。

このようにテンプル騎士団では、総長、総務長、軍務長、その下に旗手、トルコ式兵長、軍務長補がいて、これに無役の各種兵士が従う形になっている。軍務長補に従う労役従士を含め、綺麗《きれい》なピラミッド形の組織である。上意下達の命令が行き渡る形でもあり、この面でもテンプル騎士団は集団行動に適していた。

他面で、総長なり、軍務長なり、指揮官が判断を間違えれば、直ちに全員が危機にさらされる。つまりはテンプル騎士の死傷率の高さの一因にもなっているわけだが、大抵の場合は強さとして働いた。残念な例外もありながら、指揮官には概して能力ある適任者が就いたからだ。

皆が等しく修道士だが、基本的に騎士は貴族であり、従士は平民である。以前にも触れたように、テンプル騎士団といえども、世俗の身分制と無関係ではなかった。戦時の指揮職をみても、総長、総務長、軍務長までは、騎士であり貴族である者しか就けなかった。それでも、騎士であり貴族であれば、誰にでもチャンスがあった。他面で伯だから総長になれるわけでも、一介の騎士だから昇進が望めないわけでもない。

初代総長のユーグ・ドゥ・パイヤンからして、旧主のシャンパーニュ伯ユーグを従えているが、世俗の騎士の社会ではありえない話だった。無能でも、暗愚でも、皇帝や王は最高指揮官、公や伯は指揮官、どんなに優れた資質に恵まれていようと、軍旗持ち騎士では下級指揮官止まり、平騎士は兵卒としてしか働けないという風に、この時代は社会の階層が軍隊の階層と密接にリンクするのが普通だったのだ。

テンプル騎士団は、そこまで硬直化していない。ジェラール・ドゥ・リドフォールら野心家たちが入団してくるのも、それだけ上昇のチャンスがあったからなのだ。騎士にはなれず、従士になるしかなかった平民たちにも、能力次第でチャンスは与えられた。旗手、トルコ式兵長、軍務長補には、従士から就く者も少なくなかった。少し後になるが、艦隊司令も兼ねる要職、港湾都市アッコンの支部長も、平民に門戸が開かれたポストのひとつだった。

集団行動に適した人々が、よく整えられた組織にあって、能力のある指揮官に率いられる。これでテンプル騎士団が強くないわけがない。そう声を大にすれば、当たり前ではないか、そうでない軍隊があるのかと返されてしまうかもしれないが、これがある。というより、この時代のヨーロッパは大半がそうである。東方におけるエルサレム王の軍隊も、西方から来る王侯の軍隊も、基本的には封建軍《ほうけんぐん》だからである。

封建軍というもの

比較のために、ここで封建軍について触れておこう。日本にも封建制があり、封建軍があったので、ヨーロッパの騎士と日本の武士には似ているところも多い。比較的わかりやすいかと思うが、封建制とは要するに御恩と奉公の関係のことである。封を仲立ちとした主従関係を介して集められるのが、封建軍なのである。

封主は生活手段としての封、往々にして領地である封土を封臣に与え、そのかわりに封臣は強制手段としての兵力を封主に提供する。イスラム教徒の社会にもイクター制というものがあり、やはり土地の徴税権を与えるかわりに兵力を提供させている。日本も然りなわけで、歴史上しばしばみられたシステムである。であれば、封建軍の何が悪いのかと返されそうだが、ヨーロッパの場合は御恩というほどの御恩も感じていなかったというか、イクター制のようにスルタンに対する忠誠が盛りこまれるでもなく、単なる契約としか考えられていなかった。

すなわち、封の大小で決められた人数を連れ、決められた日数、しばしば四十日間だけ戦えば、それで封臣の義務は終わる。さっさと戦場から引き揚げるし、二君にまみえずという感覚もないので、別の封主に従うこともある。それが昨日まで敵対していた相手であっても、封をもらっていれば決められた日数は仕えるのだ。封臣を引き止めたければ、封主は金を払うなど、何らかの手段で引き止めなければならない。できなければ、あっという間にいなくなられてしまうというのが、ヨーロッパの封建軍なのである。

御恩と奉公の封建制というと、なんだか忠義の心で成り立つ麗しい社会のように聞こえるが、その実はアナーキー一歩手前だった。土地を与えられたというより、実力で占有している土地がある。それを占有してよいと認められたいので、適当な誰かを封主にして、封土として与えられたことにする。体裁を整えてくれるなら、いくらか手伝ってやろうかと、それくらいの関係なのだ。

テンプル騎士団としばしば行動をともにした、エルサレム王の軍隊をみてみよう。エルサレム王国自体、元々あったものではない。第一回十字軍で作られたもので、そのとき仲間のひとりをエルサレム王に選んだのである。以前は下ロレーヌ公やブーローニュ伯家の倅《せがれ》で、つまりは横並びの関係だったのであり、もう王だからと無条件の忠誠を捧げるなどありえない。

実際のところ、トリポリ伯やアンチオキア侯などは、エルサレム王の封臣の扱いではなかった。同じキリスト教徒として、利害を同じくする分には共闘するだけなのだ。気に入らないエルサレム王ギィ・ドゥ・リュジニャンに対する、トリポリ伯レイモンの態度なども、俄かに頷《うなず》けてこようというものだ。

エルサレム王国の内はどうかというと、それはガリラヤ公領、ヤッファ伯領、越ヨルダン、シドンの四大封土と、さらに十二の小封土から構成された。このうちヤッファ、シドン、ガリラヤは騎士百人を、越ヨルダンは騎士六十人を出すことになっていた。そもそも土地が少ないので、エルサレム王国の場合は封土でなく封金、つまりは金銭を仲立ちにした主従関係も多かった。多くは都市に住むことになっていたので、エルサレム市から六十一人、アッコン市から八十人、ナブルス市から七十五人と、騎士は出てくる。十二小封土が出す分と合わせて、エルサレム王は最大で七百人ほどの騎士を集めたとされている。

さらに教会や都市からは、従士を出させることができた。エルサレム総大司教、聖墳墓教会、エルサレム市、アッコン市が五百人ずつ、ナブルス市が三百人、ベツレヘム司教が二百人、シオン山修道院長、ナザレ大司教、ティルス大司教、アッコン司教、アスカロン市が百五十人ずつ、ヤッファ市、ティルス市が百人ずつ、アルスーフ市、カエサレア市が五十人ずつ、エデッサ市が七百人と出したので、エルサレム王はその他諸々を合わせて全部で五千人ほどの従士も集めることができた。それだけ集められれば十分だといわれるかもしれないが、やはり量だけでなく質も問われなければならない。

世俗の騎士が集団行動に適さないことは前述した。家名を上げたいとは思わないにせよ、平民の従士も基本は変わらない。生まれが幅を利かせるので、有能な適任者が常に指揮を担えるわけでもない。さらに組織としての難点も挙げなければならない。封建軍というのは指揮命令が伝わりにくいのだ。

例えばエルサレム王はガリラヤ公やヤッファ伯には命令できるが、公や伯の下にいる騎士たちには命令できなかった。封をくれる、あるいは安堵《あんど》してくれるから、封主に義務を果たすのであり、騎士たちは王に何かしてもらっているわけではない。王との間に主従関係がないならば、王に仕える義務もなく、王の命令に従う義理もなかったのだ。もちろん日本でいう旗本的な位置づけで、王に直接仕える騎士たち、普段はエルサレム市、アッコン市、ナブルス市にいるような騎士たちは違う。が、藩士のような陪臣の位置づけでは、「御公儀」の命令に耳を貸したりしないのだ。

これで王の戦争が、うまく運ぶわけがない。総長の号令一下に動くテンプル騎士団が、いかに優秀だったかがわかる。騎士三百なりの軍団を一声で動かせるのだから、なるほど総長の態度も強気になるはずだ。エルサレム王としても弱い。テンプル騎士団、類似の聖ヨハネ騎士団を味方にできるなら、自分の臣下を集めるより、かえって心強かったのだ。

ヨーロッパ初の常備軍

封建軍の弱点をいえば、もうひとつ「いざ鎌倉」というときしか集まらないことがある。平時は存在しない。普段の騎士たちは自分の領地で、領主として振る舞っている。避けがたい必然として、封建軍の動員には時間がかかった。主従という縦の関係で集められる軍隊には、そもそも横の関係を保証する原理がないが、いつも顔を合わせているわけでもないとなれば、ましてや団結心など生まれにくい。追い求めるのは、いっそう個人の武勲だけになり、やっぱり集団としては機能しにくくなる。

反対にテンプル騎士たちは、いつも一緒にいた。戦争が終わっても、ばらばらに解散したりはしない。修道士として自分が所属する僧院、つまりは騎士団の支部に帰るだけである。それは現代の兵士が兵営に戻るようなものだ。あるいはガザなり、サフェトなり、任せられている城塞に戻る。要地の守備を期待されたはずで、それは普段いない封建軍には任せようがない仕事だったのだ。

つまるところ、テンプル騎士団は常備軍だった。封建軍が主体の時代にあって、ほぼ同時期に設立された聖ヨハネ騎士団と並びながら、ヨーロッパ初の常備軍だったといってよい。一定以上の兵数を誇り、また遠征を行い、作戦行動を取れる十全な兵力としての常備軍が登場するのは、他では十四、十五世紀のことである。早いのがフランス王家だったが、それも十四世紀のシャルル五世が先駆的に置いたものが、シャルル六世の時代に解体され、十五世紀のシャルル七世になって再興されたものが、ようやく定着したという進み方である。日本でも封建軍から脱却して常備軍を置いたのは、十六世紀の織田信長が初めてとされる。それまでは武田信玄や上杉謙信の兵士でも半士半農で、農繁期には戦えなかったというのは有名な話だ。十二、十三世紀の段階で常備軍となっていたテンプル騎士団や聖ヨハネ騎士団が、どれだけ先進的な組織だったかが窺える。なるほど、強いはずである。

後半戦の始まり

話は戦いの舞台に戻る。聖地エルサレムが失われたところからである。

キリスト教徒は意気消沈するかと思いきや、そこが熱狂的な信仰心に始まる十字軍だった。敗報を受けた西方では、すぐさまイスラム教徒に対する反撃が図られた。いわゆる、第三回十字軍である。すでに一一八七年、イタリアからモンフェラート侯コンラッドがやってきて、キリスト教徒の拠点ティルスを保持していた。一一八九年には神聖ローマ皇帝フリードリヒ一世が十字軍を宣言し、十万とも十五万ともいわれる大軍を出発させた。が、皇帝は一一九〇年六月、小アジアに渡ったところで事故死に終わり、そこで遠征も頓挫する。

東方でも再起が図られていた。エルサレム王ギィ・ドゥ・リュジニャン、そしてテンプル騎士団総長ジェラール・ドゥ・リドフォールに率いられた軍勢は、港湾都市アッコンの奪還を試みた。包囲陣の外側を、サラディンのイスラム教軍にさらに包囲されるという苦戦を強いられたが、ここで援軍が到来した。一一九一年四月にやってきた尊厳王ことフランス王フィリップ二世と、六月に到着した獅子心王《ししんおう》ことイングランド王リチャード一世である。新来のキリスト教軍は、イスラム教軍の包囲陣を突破し、そのまま七月十二日にはアッコンを陥落させた。このパレスチナの港湾都市は以後、エルサレムに代わる都、東方キリスト教徒の一大拠点となる。

テンプル騎士団総長ジェラールはといえば、この戦いでイスラム教軍の捕虜に取られると、誓約破りの卑劣漢として今度こそ許されず、あえなく処刑されてしまった。かたわら、フランス王とイングランド王は不和に陥り、フィリップ二世は八月には西方に帰還した。残るはリチャード一世だけとなったが、そこでテンプル騎士団の新総長になったのがロベール・ドゥ・サブレだった。イングランド王の北フランスにおける封臣で、個人的にも友人関係にあったとされる人物だ。

後に戦の天才と称えられる獅子心王と、東方キリスト教軍の主力、恐らくは当代最良の兵力だったテンプル騎士団の、まさに二人三脚が始まる。九月七日にアルスーフの戦いに勝利を収めると、一一九二年五月にダロン、七月にヤッファと要衝を立て続けに奪還する。ほんの一年くらいの間に、エルサレム王国の版図《はんと》を盛時の半分ほどまで取り戻してしまうのだから、驚くべき強さである。その戦いぶりはサラディンをさえ嘆息せしめる。九月二日には休戦が成立し、誰が支配する土地かを問わない、自由な往来が約束された。それにはエルサレムも含まれ、つまりはキリスト教徒の巡礼が再び可能になった。

快挙である。偏りないよう断れば、一連の戦いには聖ヨハネ騎士団も、無視できない貢献を示している。エルサレム王はといえば、こちらは脇役に落ちた感が否めない。やむなしというのも、王が次

リチャード獅子心王
写真提供：Universal History Archive / PPS通信社

から次と交替した。まずギィ・ドゥ・リュジニャンだが、一一九〇年に妻のシビーユ王女が亡くなったため、いよいよ周囲のみる目が厳しくなって、最後はキプロス王になるという条件で退位させられた。次のエルサレム王には、シビーユ王女の妹、イザベル王女と結婚したモンフェラート侯コンラッドがついたが、この王は一一九二年四月に暗殺されて終わる。子がなかったので、シャンパーニュ伯アンリがイザベル王女の再婚相手になることで、王位を継ぐことになった。このアンリも一一九七年に亡くなり、キプロス王アモーリ・ドゥ・リュジニャンがイザベルの再々婚相手になることで、一一九八年に次の王になった。それを一二〇五年に娘のマリーが継ぎ、一二一〇年からは夫のジャン・ドゥ・ブリエンヌと共同統治になったと、二十年というもの、こんな調子だったのだ。代わりすぎて、はっきりいって当てにならない。

主導権を握る

東方の主導権はテンプル騎士団、さらに聖ヨハネ騎士団や、一一九八年に新たに設立されたチュートン騎士団が握ることになった。あるいは東方キリスト教徒が向かう先は、それぞれの対立、あるいは競合の力学において決まるようになったというべきか。

戦局をいうならば、キリスト教徒は西方からの援軍、わけてもイングランド王リチャードに去られてしまった。せっかくの戦果も元《もと》の木阿弥《もくあみ》かと思いきや、一一九三年の三月にはイスラム教徒の側でも、英雄サラディンが死んでしまう。後継者はいたが、こちらも昔日の勢いはなく、しばらく一進一退の攻防を続けたあと、エルサレム王アモーリ二世のときに休戦となった。一二〇二年には第四回十字軍遠征が行われるが、これはイスラム教徒と戦うのでなく、キリスト教国であるビザンツ帝国の都コンスタンチノープルを襲うという、後世に悪名高い遠征に終わっている。事件の渦中で新たにラテン帝国が建てられたが、エルサレム王国のほうが大きく動いたわけではない。

動き始めるのは一二一〇年、ジャン・ドゥ・ブリエンヌが王位についてからだった。いや、スルタンのアーディル一世からは、休戦切れを迎えて、その延長を求められた。エルサレム王の代理ジャン・ディブランと、聖ヨハネ騎士団総長モンテギュ、チュートン騎士団長バルトは前向きだったが、テンプル騎士団総長ギョーム・ドゥ・シャルトルは新王の意見を聞かずしては決められないと反対した。これがジャン・ドゥ・ブリエンヌの攻勢、西方から第五回十字軍を迎えての、一二一八年のエジプト遠征につながっていく。それはむしろテンプル騎士団の攻勢とされるべきか。

テンプル騎士団がアッコンとカエサレア間の保全のために、アトリートの岬に難攻不落の巨城、いうところの「巡礼城」を建築したのも、この頃である。シリアの守りを固めて、出かけた先がエジプトというわけなのだ。一二一九年十一月五日、キリスト教軍はエルサレム王ジャン・ドゥ・ブリエンヌの名の下に、港湾都市ダミエッタを占領した。実戦闘において、主役を演じてみせたのが、テンプル騎士団だったのだ。巨大投石機まで持ちこんで、勝敗の帰趨《きすう》を決定的にしてみせたのだ。

アーディル一世を継いだ新スルタン、アル・カーミルも休戦を望んだ。ダミエッタを返し、それにシリアのケラク、モンレアルの二城をつけてくれるなら、エルサレム市のみならず、かつてのエルサレム王国の全領を返還すると持ちかけてきた。それを拒絶したのが、テンプル騎士団だった。総長シャルトルは攻囲中にペストで亡くなり、ピエール・ドゥ・モンテギュが後任に選ばれていた。この新総長は休戦どころか、さらなるカイロ進軍を主張した。聖ヨハネ騎士団、チュートン騎士団は反対したが、モンテギュは強引に王を説き伏せたのだ。

一二二〇年には遠征が始まった。これがナイル河の洪水に見舞われて、無残に失敗してしまう。ダミエッタはじめ全ての戦果を手放し、あげくの総退却に追いこまれ、八年間の休戦で矛《ほこ》を収めざるをえなくなった。

フリードリヒ二世

東方の劣勢に、西方は第六回十字軍を準備した。一二二八年の休戦明けに出てきたのが、神聖ローマ皇帝フリードリヒ二世だった。ジャン・ドゥ・ブリエンヌの娘婿で、その線からエルサレム王の称号まで帯びていた。まさに十字軍への参加が待望される人物なのだが、しかし、である。「世界の驚き（stupor mundi）」の異名あるフリードリヒは、一種の天才といえば天才、しかしというか、だからというか、世の常識に囚われることなく、やることなすこと、ことごとく奇想天外だった。

神聖ローマ皇帝というと、ドイツ人のような気がするし、ドイツ人の血筋ではあるのだが、生涯の大半をシチリア島のパレルモですごし、イタリア史では「フェデリーコ」と呼ばれる人物でもある。このシチリア島だが、イタリア半島の先、地中海のほぼ中央に位置することから、古来東西交流の要衝となってきた。キリスト教もカトリック（ローマ）あり、オーソドックス（ギリシャ）あり、のみならずイスラム教徒の往来もさかんなのだ。この地に根付いた常識に囚われない天才として、かねてフリードリヒはイスラム教徒と交友厚く、また

フリードリヒ二世
写真提供：UIG / PPS通信社

多くのイスラム教徒を自らの家臣としてきた。ためにローマ教皇グレゴリウス九世に、破門を宣告された身の上でもあった。こういう男が十字軍に乗り出すというのだ。

渡海した皇帝は一二二九年二月十八日、スルタンのアル・カーミルとヤッファ条約を結び、さしあたりは十年の期限付きながら、エルサレムをキリスト教徒の手に返還させた。三月十七日にエルサレム入城を果たし、十八日にはエルサレム王に戴冠したが、歓迎したのはチュートン騎士団だけで、その式にテンプル騎士団は出席しなかった。聖ヨハネ騎士団も右に同じで、教皇特使などは激怒して、市内における聖務停止を宣言したほどだ。

テンプル騎士団もエルサレムの都に入ったは入った。が、ヤッファ条約で禁じられた軍事施設の再建に、いきなり手をつけてしまう。それを咎《とが》められれば、サフェト、トロン、ガザ、ダルム等々の奪還に努めないのはおかしいと、逆にフリードリヒ二世に嚙《か》みつく勢いだった。この時期のテンプル騎士団は神聖ローマ皇帝、つまりは西方世界最高の世俗権力に公然と反抗した。自身の強さに胡坐《あぐら》をかいてか、この相手さえ無条件に従うべきとは考えていなかったようだ。

対立は五月、アッコン市内におけるテンプル騎士団支部を、皇帝軍が包囲するという事態に発展する。あわやキリスト教徒とキリスト教徒の武力衝突かとも思わせたが、アッコンの住民が「破門皇帝」に対して蜂起すると、フリードリヒ二世は馬鹿らしいとばかりに、さっさと聖地を後にした。残されたエルサレム王国には、不在の王、つまりは皇帝の利害を代弁するチュートン騎士団と、東方の利害を代弁するベイルート卿イブランの対立、あるいは後者を後押しするテンプル騎士団、聖ヨハネ騎士団との対立があるのみである。

内乱状態が高じて、ほとんど国の体もなさない。チュートン騎士団が東欧植民に駆り出されて、徐々に東方から引いていくなら、イブラン家をはじめとする東方諸侯や、テンプル騎士団、聖ヨハネ騎士団らが、それぞれの城と領地を擁しているばかりになる。こちらはこちらで、やはり互いに仲が悪い。キリスト教徒同士のいがみ合いが増える。他方でイスラム教徒からは、外交交渉で都市や領土を返還させる、つまりはフリードリヒ二世のスタイルが主流になっていくのだから、なんとも皮肉な話である。

聖王ルイ

いや、敵はアイユーブ朝のスルタンのように、柔軟かつ妥協的な態度で、しばしば休戦を結んでくれる輩だけではない。一二四四年八月二十三日、エルサレムが突如として奪われた。攻めこんだのはトルコ軍だが、かねてからのセルジュク朝でなく、それを滅ぼしたホラズム朝のトルコ軍だった。この危機に、さすがのテンプル騎士団と聖ヨハネ騎士団も共闘を決めた。ところが、十月十七日にガザ近郊で行われたラ・フォルビの戦いは、テンプル騎士三百四十八人のうち総長アルマン・ドゥ・ペリゴールを含む三百十二人も殺されるという、文字通りの大敗に終わってしまう。聖ヨハネ騎士団も甚大な被害を強《し》いられ、こちらの総長ピエール・ドゥ・ヴィエイユ・ブリッドは捕虜に取られた。

　東方のキリスト教徒は、まさに絶体絶命の危機である。それなのに、神聖ローマ皇帝フリードリヒ二世は、エルサレム陥落はテンプル騎士団のせいだと、シチリア島から叱責するだけだった。これにテンプル騎士団の新総長ギョーム・ドゥ・ソンナックは激怒した。チュートン騎士団、せっかく共闘した聖ヨハネ騎士団まで「破門皇帝」の回し者と罵倒して、またぞろキリスト教徒の間に緊張を走らせた。勢いづくのは、イスラム教徒である。妥協的だったアイユーブ朝のスルタンまでが、一二四七年、ティベリアス、アスカロンとキリスト教徒の要衝を次から次と奪取していく。

　ここで「十字架を取る」と宣言したのが、フランス王ルイ九世だった。一二四八年、第七回十字軍が始まった。フランス王が来るのは初めてではないが、こたびは曾祖父のルイ七世や祖父のフィリップ二世とは違う。権力伸張に努めた先人たちの働きあっての話だが、ルイ九世の代を迎えたフランス王は、実力においては神聖ローマ皇帝さえ凌ぐ巨大勢力だった。二千五百とも二千八百ともいわれる騎士に、盾持ちないし従士が五千、それに一万の歩兵を加える大軍を仕立てると、王が目指した先がエジプトだった。

フリードリヒ二世はスルタンに情報を流していたが、だからと阻めるわけではない。一二四九年六月五日、ルイ九世の大軍はダミエッタ近郊に上陸、翌六日には港湾都市の占領を果たした。次に目指したのがカイロだったが、この遠征にテンプル騎士団も駆けつけた。ダミエッタは三十年前に一度手にしながら、手放さざるをえなくなった都市である。エジプト遠征の無念を晴らしたいと、騎士団としても参戦には異存がなかった。しかし、だ。

ルイ九世
写真提供：Rue des Archives / PPS通信社

ルイ九世はカイロ進軍中、イスラム教徒が奇襲をかけてきても、それを迎撃すべからずと命令した。十字軍の慣例でテンプル騎士団が前衛を務めると、そこにトルコ兵が襲いかかってきたが、やはり反撃はできない。が、ある騎士が馬から落とされるまでになると、近くでみていた軍務長ルノー・ドゥ・ヴィシエは号令を発した。

「今こそ神の御心にて、あやつらにかかれ。これ以上は堪えられぬ」

と、年代記作者ジャン・ドゥ・ジョワンヴィルは言葉を伝える。テンプル騎士団の総突撃に、トルコ兵の奇襲部隊は全滅した。やはり強い。それはそれとして、フランス王の命令など聞かない。テンプル騎士団は誰の命令も聞かない。

年が一二五〇年に改まった二月、キリスト教軍はナイル三角洲の要衝、マンスーラの攻撃を決めた。ナイルの支流タニス河を越えたとき、トラブルが起きた。ジョワンヴィルによれば、「テンプル騎士団が前衛を務め、アルトワ伯はテンプル騎士団に続いて第二部隊を率いるとされていた。アルトワ伯は流れを渡るや、自ら配下の兵士たちを伴い、目の前を逃げていくトルコ兵たちに襲いかかった。テンプル騎士団は伯に、自分たちの後を行かねばならないのに先に出てしまうのは、大変に無礼な話であるぞと注意した。王が決めた通り、自分たちを先にいかせるよう頼みもした」。

それでもアルトワ伯ロベールは聞かない。フランス王の弟で、この遠征が成功したら、エジプト王に即位させると話ができていたともいい、張り切らずにいられなかったのだ。このとき伯と騎士団総長ギヨーム・ドゥ・ソンナックがかわした会話を、別の年代記作者マシュー・パリスが伝えている。

「こうやってテンプル騎士団は、昔から裏切りを働いてきた」と、アルトワ伯は激昂《げきこう》した。

「イスラム教徒と結託している、この者たちの裏切りで、十字軍士たちは破滅させられてきたのだ」

「それならわかった。これより戦闘に入る。空高く軍旗を上げる。しかし今日は軍神マルスと死の神が、我々を致命的な運命へと誘うようだ」

ソンナックも苛々を爆発させ、最後は先陣争いになった。とにかく後れを取るまいと、両隊は一気にマンスーラ市内にまで突入したが、ここで建物の陰や屋上に隠れていたのがトルコ兵だった。石を投げ、矢を放ち、馬が駆けこんでくる道には、柱や梁《はり》を投げ入れて転倒させた。アルトワ伯の部隊からは伯本人を含めた三百人の騎士が、テンプル騎士団からは二百八十人の騎士が死者となった。ソンナックは「一に団結するままなら、我々は無敵であったろうに、不幸にも入れ物が壊れた砂さながらにバラバラに分かたれてしまった」と吐いたというから、愚かしさは承知していたに違いない。それでも自重できない。目の色の変わりようときたら、相手がキリスト教徒となれば、どうでも張り合わずにいられないといわんばかりだ。

ついにルイ九世のエジプト遠征も失敗する。ダミエッタに引き返したところで、王まで他の多くの騎士たちと一緒にイスラム教軍の捕虜に取られたのだ。身代金と引き換えに釈放されると、今度はパレスチナに渡り、アッコンを拠点にカエサレア、ヤッファ、シドン等々の回復に努めることになった。テンプル騎士団は、ここではルイ九世の怒りを買う。

「総長、朕に相談もなしにスルタンと休戦の約定を結んだことを悔いていると、スルタンの使者に伝えるのだ。そして貴殿は私に何の話もしなかったのだから、先方が貴殿に約束した全てを反故《ほご》にし、貴殿が先方に認めた全ての合意を取り消すのだ」

テンプル騎士団は密《ひそ》かにダマスクスのスルタンと意を通じ、勝手に交渉を進めていた。フランス王に従う素ぶりは、やはりない。イスラム教徒とは友好関係を結んでも、キリスト教徒とは意地でも張り合う。そんな風にさえみえる。

アッコン

ルイ九世は母后ブランシュの訃報に接して、一二五四年四月、フランスに帰国した。あとのアッコンは、一二五六年から内乱に苦しむことになった。発端は商業権を巡るジェノヴァ人とヴェネツィア人の争いだったが、前者に聖ヨハネ騎士団、ティルス領主、カタロニア人がつき、後者にテンプル騎士団、チュートン騎士団、ピサ人、その他の東方諸侯が味方するや、二陣営に分かれた対立に発展したのだ。

両派が奪いあった修道院の名に因んで、「聖サバスの戦い」と呼ばれるものだが、度々の武力衝突でアッコン市内を殺伐とさせながら、抗争は一二五八年まで二年も続いた。

馬鹿な話だ。これでは何のために東方にいるのかわからない。あるいは戦う目的が別になったのか。イスラム教徒はといえば、放っておけるような状況ではなかった。アイユーブ朝に代わったマムルーク朝にバイバルスという傑物、歴史に第二のサラディンとも呼ばれる男が現れていたからだ。バイバルスは一二六五年から一二六八年までの間に、カエサレア、アルスーフ、サフェト、ヤッファ、ボーフォール、アンチオキアと、キリスト教徒がシリア沿岸に確保していた拠点を次々と陥落させたのだ。

名ばかりのエルサレム王は、この危機にもかかわらず駆けつけない。一二六九年、フランス王ルイ九世は再び十字架を取ることを宣言した。いわゆる第八回十字軍で、一二七〇年八月にアフリカ北岸のチュニスに上陸したが、聖別されて後に「聖王ルイ」と呼ばれる名君を、そこで病死に終わらせただけだった。

テンプル騎士団は、どうか。一二七一年、サフィタの白城をバイバルスに落とされてしまう。聖ヨハネ騎士団は、どうか。こちらも東方最大の城塞と謳われたクラック・デ・シュヴァリエ城を、やはりあっさり奪い取られる。話にもならないが、イスラム教徒の勢いのほうも、ここで小休止となった。一二七七年七月にバイバルスが亡くなると、その実子を押しのけて、カラウンなる男がスルタンになるという、一種の政変が起こるからだ。少なからず混乱もあり、イスラムの新政権は弱みを抱えるということで、一二七八年に十年の休戦が結ばれたのだ。

一二八八年、マムルーク朝の攻勢が再開した。カラウンは一二八九年四月二十六日、トリポリを陥落させた。このスルタンも一二九〇年十一月に亡くなるが、こたびは無難に息子のハリ

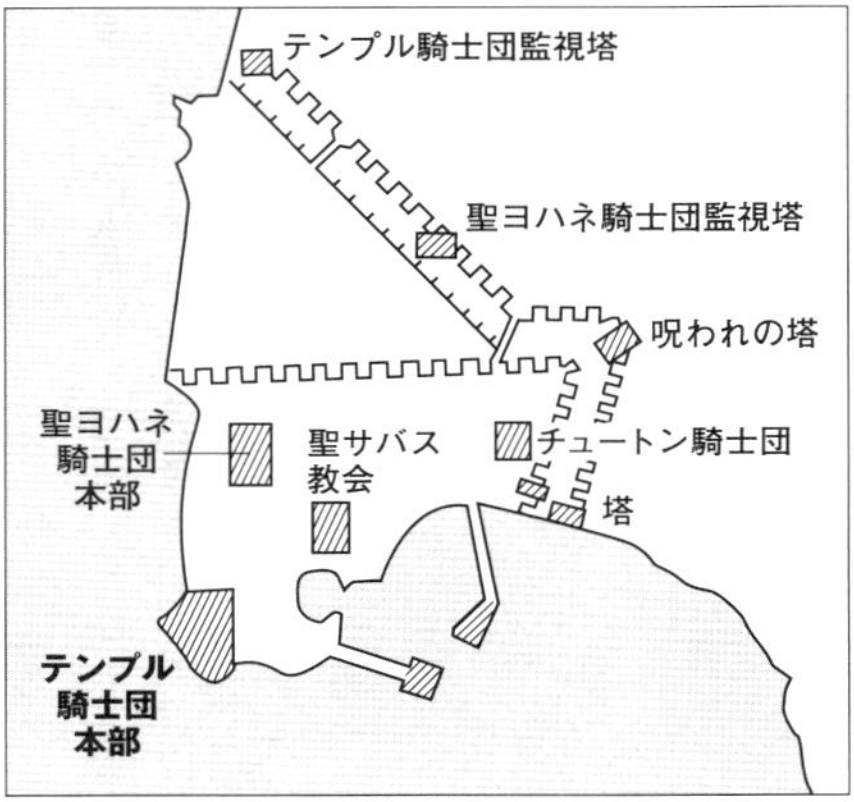

十三世紀末頃のアッコン

ールが後を継いだ。この新スルタンが一二九一年四月、いよいよ手をつけたのがアッコン包囲だった。その兵力たるや、実に二十二万と伝えられる。さすがのキリスト教徒も、こうなれば皆が団結するしかなかった。アッコン防衛の指揮官を任されたのが、テンプル騎士団総長ギョーム・ドゥ・ボージューだった。これに聖ヨハネ騎士団総長、ジャン・ドゥ・ヴィリエが協力する。運命をともにするアッコン市民が三万五千、キプロス王アンリ二世も八百の騎士と一万四千の歩兵を送りこんできた。

　キリスト教徒は奮戦した。四月十五日、イスラム教軍の攻城塔に火をつけようと、深夜に総長ボージュー自ら出撃したが、あえなく失敗してしまう。戦いの焦点は北側城塞の「呪われの塔」に移るが、その攻防において今度は致命傷を負う。五月十八日早暁、ハリールは総攻撃を命じた。イスラム教徒に市内に乗りこまれては、もはやキリスト教徒に術《すべ》はなかった。テンプル騎士団も軍務長ピエール・ドゥ・セヴリー以下、ほぼ全員が戦死に終わり、かくて五月二十八日、アッコンは陥落した。ティルス、シドン、ベイルート、トルトーザ、テンプル騎士団の巡礼城など、なお東方に残るキリスト教徒の数拠点も、その夏の間にイスラム教徒の手に落ちた。

キプロス島に逃れたものの

生き残りのテンプル騎士団も聖地から掃き出された。文字通り海に落とされてしまったが、すぐ先のキプロス島に逃れると、港湾都市リマッソルに本部を据えなおした。同じく聖ヨハネ騎士団もキプロス島に逃れていて、東方にしがみつく騎士たちは、捲土重来《けんどちょうらい》をあきらめたわけではなかった。

戦いの努力も続けた。聖ヨハネ騎士団、さらに西方からの十字軍士とも力を合わせて、一三〇〇年にはアレクサンドリア、アッコン、トルトーザと、今やイスラム教徒が構える諸都市に攻撃を加えている。全体として戦果は芳しくなかったが、十一月にはトルトーザ沖三キロの小島、ルーアド島の占領に成功した。そこに一三〇二年まで踏み止まるが、その年の九月にはマムルーク朝の反撃に見舞われる。百二十人のテンプル騎士が捕虜に取られ、ルーアド島のキリスト教徒にいたっては、九百人も処刑されてしまう。

やはり、ふるわない。イスラム教徒には勝てない。テンプル騎士団は生き残ったが、もう十字軍は終わりだった。何を、どう後悔し、どう未来を論じたところで、事実上は終わりだった。テンプル騎士団、あるいは聖ヨハネ騎士団がどうこういうより、土台が十字軍など無茶な話だったのかもしれない。

そも合理的な政略、戦略を元に始められた戦争でなく、宗教的な熱狂に駆られただけだ。無計画で、先の展望も欠いていた。でなくても故郷を遠く離れ、敵地に乗りこんでの戦いだった。イスラム教徒を向こうに回して、圧倒的な力の差があるでもないのに、常にアウェイの戦いを強いられた。よくぞ二百年も続けられたものだと、逆に感心するべきなのかもしれない。

第三章　テンプル騎士団は持つ

管区と支部

キリスト教徒の東方撤退は順当だとして、聖地に存在理由を見出《みいだ》してきたテンプル騎士団は、どうするか。これまでのような武名を鳴り響かせることもなくなれば、どうするか。

騎士たちの気分をいえば、まだまだこれからと、やる気まんまんだったかもしれないが、現実として戦果は容易に挙げられない。さしものテンプル騎士団も、その存在感を徐々に減じていかざるをえない――かと思いきや、少なくとも西方においては減じていない。それどころか、目について仕方がないほどだった。テンプル騎士団の管区（province）が健在だったからだ。

管区の設置については、前述でも触れている。一一二八年、トロワ会議でテンプル騎士団が正式な修道会となると、初代総長ユーグ・ドゥ・パイヤンはじめ、テンプル騎士たちは諸国行脚の旅に出た。活動に理解を求め、新たな騎士の入団を募るためだが、このときは各地で大歓迎されただけではなかった。寄付寄進の申し出が殺到した。それこそ毎年の復活祭に卵十個を届けると約束した農民からポンと城と領地をくれる王侯貴族まで、引きも切らない勢いだった。

その全てがテンプル騎士団の活動を支える財源になる。現金ないし換金できるものは、すぐさま東方に送り出した。が、領地であるとか、徴税権であるとか、地代徴収権であるとかは持ち出せないし、換金するにも手間がかかる。きちんと管理運営しなければならない。そのための機構を設けなければならない。かくて一一二九年、フランス管区が設立され、その管区長(maître, précepteur)として創設メンバーのひとり、パヤン・ドゥ・モンディディエが西方に残らなければならなくなったのだ。

イスラム教徒と対峙《たいじ》するイベリア半島には一一三〇年代から、東方のエルサレム本部、アンチオキア管区、トリポリ管区と同様の、戦闘的な機構としての管区が置かれた。城や土地を与えられる＝城や土地を守るという図式であり、戦闘に基づく征服や占領で、管区に属する城や土地が増える、あるいは減るというのも同じである。が、イベリア半島の戦いは、いわばホームの戦いであり、その管区も東方のようにはなくならなかった。前線が押し上げられるにつれて、財産を管理運営する機構としての性格も強くなった。

このイベリア半島で最初の実戦を経験したテンプル騎士たちが、一一四七年にフランス王ルイ七世と一緒に第二回十字軍に向かった件も前述している。このときパリに集結したというのも、王がセーヌ右岸の土地を寄進してくれたため、そこにフランス管区の本部としての「タンプル」が建てられていたからである。その威容に象徴されるように、テンプル騎士団の管区は衰退するどころか、いよいよ隆盛を極めていた。

その数もフランス管区やスペイン管区から独立して、それが細分化するという形で、あるいは管区が設定されていなかった土地に新たに作られる形で、増えていく一方だった。東方に残るのはキプロス管区だけだとしても、西方には十三世紀末までにフランス管区、ノルマンディ管区、ポワトゥー・アキテーヌ管区、オーヴェルニュ・リムーザン管区、プロヴァンス管区、ポルトガル管区、カスティーリャ管区、レオン管区、アラゴン管区、マジョルカ管区、イングランド・アイルランド管区、ドイツ管区、イタリア管区、プーリャ管区、シチリア管区、ハンガリア管区と数多く設けられていたのだ。

いや、管区というような大づかみの機構だけでは、全てを管理運営することはできない。下部組織として整えられたのが、支部長（commandeur）に率いられる支部（commanderie）だった。支部そのものが居館（maison）、穀物倉（grange）、荘園（domaine）等々の他施設を服属させていたが、場合によってはその支部をいくつか束ねる統括支部（baillie）が置かれることもあった。管区のなかで最大の支部が、パリの「タンプル」やロンドンの「テンプル」というような管区本部だったとするのが、あるいは実態に近いかもしれない。

いずれにせよ、同時代の西方の人々が日常的に目にしていたのが支部であり、支部こそは身近に触れられる存在としてのテンプル騎士団だった。全土に散在していた施設は、支部と服属施設を合わせると、今日でも千を超える数で確かめられる。支部だけで五百を超えるが、そのうち設立年まで確定できたのは、今回の調べでは二百五十二支部だった。そのうち十二世紀の設立が百七十例、十三世紀の設立が八十二例で、この比率に従うならば、テンプル騎士団が結成されて最初の百年弱の間に約三分の二の支部が、続く百年の間に約三分の一の支部が作られたことになる。激増の十二世紀、微増の十三世紀と形容することもできようが、かかるテンプル騎士団の支部は実際どのように作られていったのか。現在のフランスにあった支部から、いくつか具体例をみていこう。

クーロミエル、レンヌヴィル、ヴァウール

クーロミエル支部は一一二八年、トロワ会議に続く熱狂にその由来を求められる。現在のセーヌ・エ・マルヌ県、ほどなく設定されるフランス管区のブリィ地方において、テンプル騎士団と縁が深いシャンパーニュ伯ティボー二世が寄進したのは、クーロミエル市の城外八十メートル、街道の十字路という要衝に築かれた小城と、その周囲に広がるモンビリィヤールと呼ばれていた土地だった。これにトロワ宮中伯のアンリが水車を寄進して加えた一一七三年、クーロミエルは騎士団の支部となった。一二三二年には再びシャンパーニュ伯が、マーアンの森から四百ヘクタールを分け、近在の中小領主も農場や土地、あるいは地代収入を贈ったので、最

終的にはクーロミエルの城を中心に五つの荘園を束ねる格好になった。

テンプル騎士団に対する寄付寄進が、一時的な熱狂では終わらなかったことがわかる。時代の巡礼熱、十字軍熱は下火になっていくどころか、これから盛り上がるところだった。聖地における戦いも続いていた。テンプル騎士団の活躍も聞こえてきた。それに寄付寄進を行うこと、テンプル騎士団の助けになることは、神の御心にもかなう。「神への愛のため、かつまた原罪の贖いのため（Pro amore Dei et remissione peccatorum）」というがごとく、それは自ら聖地に巡礼するかわり、あるいは十字軍で戦うかわりであり、自らの魂の救いに直結するとも考えられたのだ。

かくて寄付寄進の情熱は止《や》まないが、かたわらテンプル騎士団のほうでは、常に与えられるまま、即座に支部を設立したわけではなかった。実際のところ、核となるべき土地を手に入れてから、そこに支部が設立されるまでに、タイムラグが認められる例が少なくない。確かめられた二十四例をみると、平均で三十二・八三年かかっていて、個々にみても十年以下が五例、十年から二十年が六例、二十年から三十年が三例と、平均年数以内で支部が設立された例が、やはり多数を占める。が、他方ではパイヤン支部のように、百十一年もかかった例もある。初代総長ユーグ・ドゥ・パイヤンが出家と同時に手放した領地であり、一一一八年と寄進が最古という事情もあるが、それにしても支部設立は一二二九年を待たなければならなかったのだ。

土地や権益のさらなる集積が果たされて、初めて支部設立となる場合が少なくなかったことを、クーロミエルの具体例は示唆してくれる。いったん支部となれば永に不変というわけでなく、往々成長を続けたのだという好例でもある。

レンヌヴィルはノルマンディ地方、現在のウール県にあった支部である。最後はノルマンディ管区に属したが、設立は一一四七年と考えられるから、最初はフランス管区に属したことになる。始まりは一一三四年、アルクール領主ロベール一世とコレット・ダルグージュの末子、リシャールの寄進だった。このリシャールが奇特な人物で、レンヌヴィルに自らサン・テティエンヌ教会を建立した。これに自分の封地、さらにエプルヴィル教区の聖職者任命権を合わせて差し出しながら、テンプル騎士団に入団したのだ。

騎士団では私有財産が認められない。愛馬さえ騎士団での共有に差し出さなければならないのと同じように、入団時に持てる財産の全てを寄進するかといえば、そうではない。実子、でなくとも弟とか、甥とか、必ず係累がいるからで、動産のようには個人の勝手が罷《まか》り通らない。それでも先にみた初代総長ユーグ・ドゥ・パイヤン以来、テンプル騎士になるときは何らかの財産を持ってくるというのが、一種の慣例になっていたようだ。この入団騎士による寄進も、しばしば支部設立の契機となった。

テンプル騎士となったリシャールは、望み通り聖地で戦い、そして死んだ。神の御元に召された暁には、サン・テティエンヌ教会の墓地に埋葬されたいというのが遺志であり、また寄進の条件でもあった。修道会としての騎士団が、さらに聖職者を持ち、教会を持ちと支部の地盤を整えていくにつれて、この墓地に埋葬を許されるという条件で寄進を行うパターンも増えていく。日本でいう永代《えいたい》供養料を払うような感覚か。

一一五六年にはワーウィック伯夫人からランマドックの荘園を、一一五八年には土地の領主ゴトフロワ・ヴァクからアンジェルヴィルの荘園を寄進されるなど、レンヌヴィル支部も成長を続けた。十三世紀には南にデュー・ラ・クロワーズ、グーベルジュ、ポムレ、ガスティーヌ、北にオスモンヴィル、ヌーブール、トゥールヴィル、トゥールヌド、クールベピーヌ、北東にセメルヴィル、フージュロール、カイヨーエ、ルーヴィエ、南東にセカンヴィル・ブルットマール、ボーリュー、バイリィ、アンジュヴィルと豊かな農場を束ね、エヴリュー市内にも居館を持つなど、地域で最大の支部に長じたほどである。

現在のタルン県、ポワトゥー・アキテーヌ管区に属したヴァウール支部も、設立が一一四〇年と最古の部類である。土地の騎士ペンヌ、同じく騎士モンテーギュ、さらにトゥールーズ伯、セットフォン修道院、シャンスラード修道院から寄進されて、十三世紀には現在の七郡に跨《また》がる広大な土地を服属させた。が、さすがに大きすぎる、管理しきれないということで、ヴァウール支部からモントリコー、ラ・カペル・リヴロンと二支部が新たに独立することになった。細分化による管区の増加は前述したが、それは支部も同じであり、旧支部からの分離独立をもって新支部の設立となるケースも少なくなかったようだ。微増とはいえ、十三世紀になっても支部設立が止まない理由のひとつである。

ボンリューとモンソーネス

フランス管区のボンリュー支部はシャンパーニュ地方、現在のオーブ県にあった。設立の時期は比較的遅く、一二二〇年に土地の騎士アンドレ・ドゥ・ロッサンがテンプル騎士団に入団したことによる。ロッサン、そしてエーユフォルに有した土地、森、草地などを寄進されて、テンプル騎士団は新たにボンリュー支部としたのである。が、もちろん、そのままではいない。ただ世人の厚意を待ち受けるだけでもない。

一二三八年、土地の領主ブリエンヌ伯ゴーティエは、キプロス王の妹マリー・ドゥ・リュジニャンと結婚した。つまりは東方に野心を抱いたわけで、聖地遠征のために金が必要になった。持っていたベタの森から千アルパン（約五百ヘクタール）を売りに出したところ、購入したのがボンリュー支部だったのだ。つまりは寄付寄進だけでなく、テンプル騎士団は支部に近い、管理しやすい、利益が上がる等々の有利な物件があれば、それを積極的に購入した。ボンリュー支部は一二五〇年にも、土地の騎士ミイイから六百アルパンの森を買い入れている。同じ時期までに農地のほうも、全部で四千五百アルパンを数えたとされる。換算すれば、約三千ヘクタールの大農場ということになる。

モンソーネスも恵まれた支部だった。ポワトゥー・アキテーヌ管区もピレネ山脈の麓《ふもと》、現在のオート・ガロンヌ県に築かれた支部だが、これも始まりは土地の領主たちによる寄進である。モンペザ、ロクフォール、クート、アスペといった有力家門が、まるで気前の良さを競うような寄付寄進をしてくれたおかげで、あれよという間に広大な土地の主になることができたのだ。

わけても一一五六年のレイモン・ダスペ、一一六八年のレイモン・ギレム・ドゥ・クート、一一七六年のコマンジュ伯ドドと、テンプル騎士に入団する者が相次いで、そのたび豪勢に寄進が行われたことが決定的だった。十三世紀にはサン・シラック支部を独立させ、別に十二村を束ねさせることができたほどだ。とはいえ、テンプル騎士団はモンソーネスでも、ただ厚意を寄せられるには甘んじてはいなかった。

支部内のプレーニュは谷あいの土地だった。一一六八年のレイモン・ギレム・ドゥ・クート、さらに一一六九年のルナール・ドゥ・クートに寄進されたものだが、長いこと羊飼いの通り道でしかなかった。ここにモンソーネス支部は十三世紀末から開発の手を入れた。支部長セレブラン・ドゥ・パンの時代の話で、土地の領主レイモン・ダスペと図りながら、まずはプレーニュ城を置いた。続けて周囲の森を開拓し、新たに数村を築くことに成功したのだ。

貧しい土地を豊かにする、開拓し、開墾し、あるいは風車を建て、水車を据え、周到に手を入れて土地を開発するということも、テンプル騎士団は得意だった。あるいは得意になったというべきか。

実をいえば、騎士団設立から続いた寄付寄進熱は、十三世紀に入ると急速に冷めた。十二世紀には、例えばフランスでフランス王が十字軍に出るときには、テンプル騎士団にも寄付寄進が増えるというパターンが看取される。確かめられた二百五十二支部の統計でみると、一一四六年に一例、四七年に二例、四八年に三例、四九年に一例、五〇年に十五例と続いた支部設立は、ルイ七世の出征に呼応したものと考えられる。フィリップ二世が聖地に出た一一九一年からも、十年間で八支部の設立をみている。しかし十三世紀に入ると、ルイ九世ほど影響力ある王が陣羽織に十字架をつけたというのに、一二五〇年代が三支部、一二七〇年代も七支部と、テンプル騎士団の支部設立は思うような増え方を示さないのである。

十三世紀の微増傾向のなかでは、これで大健闘とされるべきか。いずれにせよ、ルイ九世という西方随一の権力者が東方で敗退し、さらに陣没してしまうと、増して十字軍は終わりという気分が強くなる。もう軍資金は必要あるまいと、テンプル騎士団に対する寄付寄進も少なくなる。十字軍熱に支えられた十二世紀の支部激増が、十三世紀には失速する所以《ゆえん》だが、それでもテンプル騎士団の支部は微増なりは続けたのだ。

十字軍熱が冷めたからと、滅びてしまうわけにはいかない。寄付寄進が増えない穴を埋めるために、有利な物件を購入したり、不利な物件と有利な物件を交換したり、はたまた手持ちの物件を開発したり、そうすることで居館や穀物倉、荘園の規模にすぎなかったものを支部にまで大きくしたり。テンプル騎士団は、より積極的な支部経営に乗り出していたのである。

ビュール

経営の最たる成功例が、ビュールである。フランス管区に含まれたブールゴーニュ地方、現在のコート・ドール県にあった支部だ。一一三三年に行われた領主パヤン・ドゥ・ビュールの寄進に始まる、全ての支部のなかで最も古い支部のひとつ、ブールゴーニュ地方にかぎれば最古の支部ということになる。

その後も一一四二年に近郷のラングル司教ジョフロワがビュール教会を与えたり、一一八五年に土地の領主ウード・ドゥ・グランセイがテンプル騎士になるときに寄進があったりと、聖俗領主の厚意を受けて大きくなった。一三〇六年、ウード・ドゥ・メネーブルが支部長ユーグ・ドゥ・パイローの引き受けで入団したときも、コンクロワ近くの五つの草刈場がある草地三箇所を寄進されるなど、後々《あとあと》まで寄進に恵まれている。最終的にはシャテルノ、ショージィ、ラ・フォレ、モントゥナイユ、ロンプレイ、テールフォンドル、オーロ、コンクロワなどの所領を束ね、ブールゴーニュではラ・ロマーニュ支部、エパイイー支部と並んで、最も重要な支部のひとつとされるまでになった。

このビュールは単体として大きいのみならず、統轄支部として配下に十二の支部を従えることでも知られていた。アヴォーヌ支部、ボーヌ支部、シャティヨン・シュール・セーヌ支部、クルティル・サン・セーヌ支部、ディジョン支部、フォーヴェルネイ支部、フォントゥノット支部、モンモロ支部、トワズィ・ル・デセール支部、ウンセイ支部、ヴェル・スー・ジヴリィ支部、ヴァーレーヌ支部と自らを合わせ、ひとまとまりとしてフランス管区に属していたのだ。

これら従属支部の成り立ちも、みてきたようなパターンを辿っている。例えばヴァーレーヌ支部は、一一六三年にラングル司教がヴァーレーヌの教会を与え、その勧めで甥にあたるブールゴーニュ公ユーグが、一一七五年に財産没収に処していた配下の騎士、シモン・ドゥ・ブルコンがヴァーレーヌに有した土地を寄進したことで、支部の体裁になっている。

世人の厚意に基礎づけられているとはいえ、やはり寄付寄進を待つばかりの、受身の態度に甘んじてはいない。ビュール統括支部でも、購入による経営の拡大が試みられている。例えば一二二五年、バルトロメとリシャールのル・ボルニュ兄弟から、二人がビュールとテールフォンドルに有していた全ての土地財産を、四十リーヴルで買い取っている。格安の感もあれば、二束三文で手放すこと自体が信心の表現、寄進の延長だったといえなくもないが、かたわら飛びつく支部の態度からは、近くて管理しやすい有利な物件は是非にも手に入れたいという、お馴染《なじみ》の志向が看取される。

　他にもビュール支部が、一二四二年にウード・ドゥ・グランセイからポワンソンの十分の一税の徴税権を百四十リーヴルで買い取っていたり、フォントゥノット支部が一二六五年にピシャンジュの領主エティエンヌ・ドゥ・ティルシャテルから、ピシャンジュとスポイにおける放牧権を六十リーヴルで買い入れたりした記録が残る。一二九五年にはフレニョーの住人二人から、すでに騎士団のものである放牧地に囲まれた草地を、十リーヴルで購入したという記録もある。

　交換による土地や利権の集積も、しばしば行われたようだ。ビュール支部は一二一八年、ブールゴーニュ公ウード三世に、サリーヴの小麦の定期金、トワール、モンモワイヤン、ノーの農奴家族、ノーとエゼイの十分の一税徴税権というような遠隔地の利権を譲るかわり、より近くのエニャイ、ボーノットで公が手にする十分の一税分から、小麦二ムイド（約三千七百リットル）をもらうという契約を結んでいる。訴訟を起こして、財産を増やす場合もある。一二四〇年、騎士バルトロメ・ドゥ・フォントゥノットは、アヴォーヌにあるプランシュの草地の所有をビュール支部と争い、結局のところ明け渡さざるをえなくなったばかりか、やはりアヴォーヌにあったシャルドヌーの土地まで奪われている。

いよいよとなれば、借金のかたに取り上げる場合もあったようだ。一二二三年、ビュール支部はルスネイ卿ゴーティエに、ヴヌーブルの放牧地を担保として四リーヴルを貸した。返済まで自由に使える、返済ならなければ騎士団の所有に移るという契約だったが、一二四八年に結局テンプル騎士団のものになっている。

ランス

テンプル騎士団の支部があるのは、田園地帯だけではない。都市にもあって、ディジョン支部のようにビュール統括支部に属していたり、あるいは現セーヌ・エ・マルヌ県のプロヴァンにみられるように、城外の農村を束ねるヴァル支部、都市内に七十軒もの不動産を抱えるマドゥレーヌ支部と、二つ並立している場合もあった。シャンパーニュ地方、現マルヌ県ランス市内にもテンプル騎士団の支部があり、複数の支部を従える統括支部の機能さえ委ねられていた。

設立が一一七〇年頃で、ランスのノートルダム大聖堂教会参事会長が三位一体教会を与えたことが、その始まりとされる。教会自体が市の北西の一角、マルス門からリンゲ通りの間を占める広大な囲い地のなかにあり、さらにモンジングロン通り、テリエル通り、テンプリエ通り、ヌーヴ通り、サン・ジャック墓地近く、セレス門近くと市内に多くの不動産を有していた。学校まで経営していたと伝えられ、テンプル騎士団は都市生活においても、存在感を強くしていたのである。

修道院として

かくのごとく、テンプル騎士団の支部は手に入れた財産のうちの不動産、つまりは土地に基礎づけられた。土地こそ支部――とはいいながら、ただ畑や草地や森しかなかったわけではない。当然ながら、そこには支部の建物があった。都市の支部にせよ、諸々の不動産とは別に、騎士団員たちのための建物が築かれていた。それもヴァウール支部の例でみると、二千五百平方メートルの敷地に、建坪が千百平方メートルほどという規模だから、決して小さいわけではない。では、テンプル騎士団の支部というと、全体どんな建物が建っていたのか。

まずは礼拝堂（chapelle）だった。テンプル騎士団の支部の遺構は、フランスを中心に今もヨーロッパ各地に残されているが、歴史の荒波に曝《さら》されて、往時そのままの姿をみせているとは、なかなかいかない。壊れ、崩れ、ほとんど廃墟《はいきょ》と化している場所もある。それなのに、やはりありがたい、粗末にしては罰が当たると思うのか、最も高い確率で残っているのが、この手の宗教建築なのである。

まずはイギリス、ロンドンのテンプル教会が挙げられようか。何度となく修復、あるいは再建を施されてはいるものの、今なお現役の建物である。円形教会としても知られ、このエルサレムの聖墳墓教会を彷彿とさせる形こそ、テンプル騎士団の建築様式と思われている。が、ロンドンや今はなきパリのそれは、イングランド管区、フランス管区の本部施設として、騎士団の威勢を世に広く知らしめる役割を担わされた、いわば特別なものだ。一般的な支部に建てられていた礼拝堂の多くは、質素簡素な造りのものが多かった。

それはテンプル騎士団と縁が深い、シトー派修道会の影響とされている。実際のところ、現存している建物は、どれも朴訥《ぼくとつ》とした印象である。例えばパリ南西、イヴリーヌ県に残るヴィルデュー・レ・モールパ支部の礼拝堂は、黄土色の石材で組まれたきりで、飾り彫刻のひとつもない。形は切妻屋根の正面角に八角形の階段塔を組みこんだ、十二世紀ゴシック様式である。シャンパーニュ地方、現在のオーブ県に残るアヴァルール支部の遺構も、やはり切妻屋根で、こちらは十二世紀末の建立になるロマネスク・ゴシック様式だ。オーヴェルニュ地方、現在のカンタル県にあるイド支部の遺構には、大地にうずくまるようなロマネスク様式の礼拝堂が残されている。

支部に礼拝堂が欠かせなかったのは、いうまでもなくテンプル騎士団が修道会だったからである。その支部は他面で修道院だった。礼拝堂がないでは、会則に定められたような修道士としての祈りの日課も、到底果たすことができなかったのだ。司祭を置き、教区教会になっていれば、在俗の一般信徒も外から通ってくる。現在のロワール・エ・シェール県に残るアルヴィ

ヴィルデュー・
レ・モールパ支部
の礼拝堂

アヴァルール支部
の礼拝堂

イド支部の礼拝堂

ル支部は、テンプル騎士団の遺構のなかで最も保存状態に優れる施設として有名だが、そこに建つ十二世紀の教会は、小鐘楼様式の正面を外に向けている。それは外から通ってくる者たちのためであり、テンプル騎士団の支部は教会として、修道院として、さらに病棟、隔離病棟、巡礼のための宿坊などを備える場合もあった。

とはいえ、やはり支部は土地である。土台が土地の管理運営のために置かれた機関なのである。それを行うテンプル騎士が修道士だったから、その支部も修道院になっただけの話だ。宗教建築に次いで多く残る建物も、実は農業関係の建物である。収穫を納める穀物倉（grange）、特に十分の一税分の現物を納めておく穀物倉が多く残されている。さらに農具小屋、家畜小屋、鍛冶工場と備え、パン焼き竈まで備える支部もあった。

こうした建物に付随する仕事は、騎士修道士だけで全てこなせるわけではない。騎士団は東方と同じように従士、西方の場合は主に労役従士の働きに期待しなければならなかった。とりわけ農作業となると、農民を働かせないでは始まらない。土地所有の形態や、その土地の慣習の違いにより、自由農民、小作人、農奴と、同じ農民でも身分には違いがあった。牧場があれば耕地で働くものだけでなく、牛飼い、羊飼い、牧童と雇わなければならなかった。例えばシャンパーニュのパイヤン支部では、一三〇七年の調査時で全部で二十七人の労働者がいた。十四人の牛飼い、六人の羊飼い、三人の荷車引き、一人の牝牛番《めうしばん》、一人のパン焼き職人、少し離れたラ・バルト倉庫の番人一人、門番一人だが、さらに女手を賄うためか、修道女が一人、その下女が一人と、なんと女性まで働いていた。

神の御前における身分を論じるなら、これらの労働者は大半が俗人である。修道院である支部で生活できるように、しばしば敷地は修道士の区画と俗人の区画に分けられていた。俗人が暮らす建物は記録には残るのだが、あまり遺構としては残らない。石造でなく木造であることが多かったためだ。やはり残るのは、支部長や騎士修道士が暮らしていた生活坊である。多くが二階建ての石造で、大抵は中庭に面して、礼拝堂や穀物倉と並んでいた。これにヴィルデュー・レ・モールパ支部などは、「守備兵舎（logis des gardes）」の名前を与えていた。内部は大食堂、大寝室、武器庫に分かれており、文字通りの兵舎だった。

城塞として

テンプル騎士は修道士にして騎士なのだから、その生活坊は自動的に兵舎の性格も帯びる。テンプル騎士団の支部であれば、それは東方でも西方でも変わらない。実際に騎士も支部に暮らしていた。軍事的な資質を有する輩が、東方でなく、イベリア半島でもない西方にも、確かに配備されていた。

有事平時を問わずに多いわけではない。さすがに、それはない。標準的なパイヤン支部の規模だと、二、三人の騎士と数人の従士という程度だった。ビュール統括支部でも、常にいた騎士は四、五人だったとされる。大きな支部でも、労役従士や農民、奉公人のほうが多かったのだ。最高級の兵士がいたわけでもなかった。むしろ最低級、いわゆる廃兵が多かった。東方聖地の激戦で傷ついた者、命を落としはしなかったものの、深手を負い、あるいは老いて、もう前線には立てなくなったという騎士たち、従士たちが、テンプル騎士団としては戦争をしていない西方に帰り、支部で守備隊暮らしを送る、心安い余生をすごしているという格好だ。

同じように東方の戦場には立てないものの、元気な輩もいないではなかった。反対に若すぎること、未熟であることを理由に支部に留まらなければならない者たち、つまりは新入団の騎士たち、従士たちである。テンプル騎士の募集は西方で行う。その窓口となるのが支部なのである。しばしば問題視される入団の儀式であるが、一三〇七年、フランス王フィリップ四世に逮捕された幹部たちも、総長ジャック・ドゥ・モレーはじめ、全員が西方の支部のいずれかで入団を果たしたことを証言している。この機会に入団者が何らかの財産を持参するので、そのたび支部が肥え太るという話も前にしている。入団までの試験期間をすごすのも、出征までの準備期間をすごすのも、この支部においてのことだ。

騎士がいるにはいるが、あとは修道院と変わりないかといえば、テンプル騎士団の支部には決定的な違いがあった。それは兵舎であるのみならず、城塞の機能まで備えていた点である。

コーズ・デュ・ラルザック支部
写真提供：Alamy / PPS通信社

敷地の周囲には、ぐるりと城壁が巡らされていたのである。現在のヴォークリューズ県にあったリシュランシュ支部は、方形の城壁の北側が七十五メートル、南側が八十一メートル、東側が五十八メートル、西側が五十五メートルだったというから、とてつもなく巨大というわけではないが、やはり一端《いっぱし》の軍事施設である。みかけだけの軍事施設でもない。メーヌ地方、現在のサルト県を流れているのがサルト河だが、その南岸に立つゲ・リアン支部は、北側の流れが天然の水濠《すいごう》、そこから東側と西側に水を引いて、こちらも水濠となし、南側だけに高い城壁を築いていたと伝えられる。

きちんと戦うことが考えられている。だからこそ、ほとんどの遺構で残されていない。

アルヴィル支部の楼門
写真提供：UIG / PPS通信社

立て籠もられると厄介なので、ときどきの権力者が積極的に壊してしまったのだ。城壁跡とか、城壁の一部であるとかが確かめられれば御の字なのだが、そこへいくと現在のアヴェイロン県にあるコーズ・デュ・ラルザック支部（前ページ参照）は、まさに壮観の一語だ。その四隅に円柱塔を組みこんだ菱形《ひしがた》に近い形の城壁が、村ひとつを囲んでいる。これが現在も、そっくり残っているのである。

この円柱塔はじめ、軍事拠点だけが残されている遺構なら割と多い。保存状態が良いアルヴィル支部には、かつては城壁に連結されていたであろう楼門が残っている。左右にとんがり帽子のような屋根の円柱塔を置き、それを裾に通用口が通る方形の塔でつなぐのだが、二階部分には窓が設けられ、きちんと部屋になっている。この支部の外向けの教会については前述したが、その正面の向かって左側には監視塔が付設されている。ヴァウール支部にも、ノートルダム教会を守る格好で高さ二十メートルの天守閣が建てられ、別に監視塔まで設けられていたというが、残念ながら今は崩れてなくなっている。

いずれにせよ、質素な修道院か、こぢんまりした農場かと思いきや、今に残る遺構にせよ随所が意外なほどに戦闘的であり、往時の雰囲気を伝えてくれる。なかには礼拝堂、穀物倉、生活坊、農業設備といった建物が並んでいるものの、ぐるりと周囲を厳めしい城壁で取り囲んで、ずいぶんと武張った印象なのである。冒頭でパリの「タンプル」について触れたが、あの巨大な城塞を小さくしたイメージが、テンプル騎士団の支部なのだといえようか。

支部ネットワーク

西方の人々が日常的に目にしていたテンプル騎士団は、支部である。その支部は少なくとも外からみれば城塞そのもの、それ以外の何にもみえなかったに違いない。一言でいえば、怖い。城を構え、領地を支配している姿は、修道院というより世俗の領主に近かったかもしれない。

まあ、修道院も石造りで、ときに城と変わらないようにみえることがあるが、テンプル騎士団の支部の場合は、はっきり軍事施設なのだ。束ねる土地には裁判権ごと与えられたものもあり、まさに組織としての領主、法人格としての領主である場合も少なくなかった。城塞から周辺の土地財産を維持管理する。それらを集積、整理して、コンパクトなまとまりを作ろうとしたのも、この拠点から全ての作業を効率的に行うためだった。

世俗の領主と違うのは、他の何物にも属していなかった点である。封建関係で、王や伯に臣従する立場ではない。賦課もなければ、軍役もない。修道会としてローマ教皇に直属しているからには、司教、大司教の管轄にも入らない。十分の一税を納める義務も免除され、まさに自由だ。誰に支配されるわけでもないといえば結構だが、他面いざとなったときには誰にも守ってもらえない。

テンプル騎士団の支部が、イスラム教徒との激戦が行われる東方にあらずして、大袈裟なくらいの軍備を整えた理由のひとつが、それだ。裏を返せば世俗の領主たちは、保護者がほしい、味方がほしい一心で不自由に甘んじる、つまりは結びたくもない封建関係を結び、したくもない臣従を伯や王に捧げていたのだ。

そうして徒党を組まれるなら、つまりは軍隊を仕立てられてしまうなら、さすがのテンプル騎士団も不利は否めなかったか。そのへんの領主が攻めてきても、びくともしない防備を固めていて、やはり多勢に無勢の理《ことわり》は曲げられなかったのか。いや、テンプル騎士団にも仲間がいる。いざ戦争となった場合でも、他の支部が助けてくれる。もちろん国や管区で事情が違うが、ことフランスに話をかぎるなら、支部と支部は大体において、そんなに離れてはいない。

試みに、ごくごく平均的な例として、ノルマンディ管区の現在のカルヴァドス県にあたる一帯をみてみよう（次ページ上図）。中心都市が今も昔もカンだが、その市内にあった支部から南に進むと、約十七キロでヴォワメール支部が現れる。そこから約六キロでブルットヴィル・ル・ラベ支部、さらに約十七キロでファレーズ支部となる。カンから南東に進むと、約三十四キロ離れて、次がローヴァニィ支部である。東方面は約二十六キロ離れて、ボンヌボスク支部になる。カンから北西に向かうと、約三十キロでサン・ルー・オール支部が現れ、そこから北に折れると、約六キロでバイユー支部に達する。カンから西方面は、約二十五キロでランジェーヴル支部、さらに約十二・五キロでボージィ支部になる。このボージィから南に下ると、約九・三キロでカーニュ支部、さらに約二十三キロでクールヴァル支部となり、そこから西に折れると、約八キロでヴィソワ支部、さらに約二十五キロでクールソン支部となる。支部と支部との隔たりは、平均で約十八・四キロということになる。

もうひとつ、フランス管区に含まれていた、ウール・エ・ロワール県の一帯をみよう（次ページ下図）。中心都市がシャルトルで、ここに置かれた支部を起点にすると、南に約十・七キロでル・タンプル・ドゥ・ミニエール支部、さらに約三十三キロでラ・ボワジエール支部が現れる。シャルトルから南東方面には、約六・二キロ先にボンヴィル支部、さらに約六・二キロ先

支部の分布図、カルヴァドス県

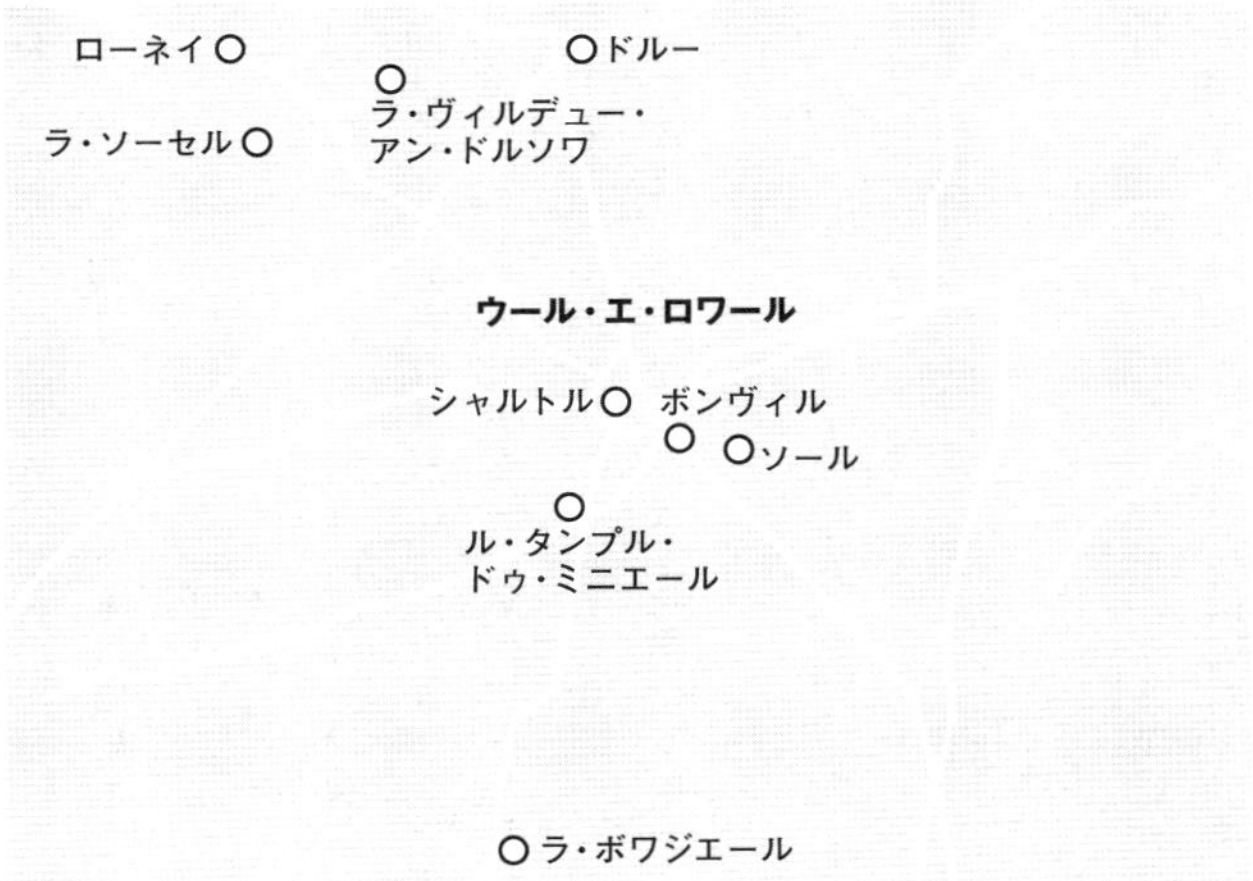

支部の分布図、ウール・エ・ロワール県

にソール支部と続く。北に行けば、約三十三キロ先にドルー支部があり、ここから西南西に方向を転じると、約十八キロでラ・ヴィルデュー・アン・ドルソワ支部、さらに約十キロでラ・ソーセル支部と続く。ここから北に折れれば、約九・八キロでローネイ支部となる。支部と支部の隔たりは平均で約十五・九キロとなり、やはり孤軍奮闘の体からは程遠いのだ。

テンプル騎士団も徒党を組める。その気になれば、西方でも軍隊を仕立てられる。いや、他と事を構える構えないの以前に、テンプル騎士団はネットワーク組織をなしていた。それも封建制のような弱いつながりではない。つながる相手は他人ではないからだ。同じテンプル騎士団の仲間であり、支部に分かれているとはいえ、元々ひとつの組織なのだ。

現代の役所や会社と同じように、テンプル騎士団では転勤、転属も珍しくなかった。いうところの栄転もあった。ビュール統括支部でみると、一一七八年にフォントゥノットの支部長だったテンプル騎士ギィ・ボルデルは、アヴォーヌの荘園の拡張事業を成功させた功績を評価されて、一一九七年にビュール統括支部の支部長になっている。支部のネットワークは管区に収《しゅう》斂《れん》していく。支部長から管区長に栄転する場合も少なくない。同じくビュールでみると、一二八九年からの支部長ユーグ・ドゥ・パイローは、一二九二年にフランス管区長に昇進してパリに移り、さらにフランス巡察使に進んでいる。一三〇七年に総長ジャック・ドゥ・モレーと一緒に逮捕された、あのユーグ・ドゥ・パイローのことである。

総長になって、東方の本部に行くものも少なくない。第三代総長エヴラール・デ・バールは、フランス王ルイ七世と一緒に十字軍に出かけたフランス管区長だった。第十二代総長ジルベール・エライルは、プロヴァンスとスペインの管区長だった。西方の管区にいたから、東方に行けないということもない。むしろ全員が東方に行くことを念願している。西方に腰を落ちつける発想がないから、支部は土着しても、人は土着しない。ちょっと驚いてしまうほど、土着する様子がない。

かかる意識の必然もあり、テンプル騎士団はひとつだった。それが管区、そして支部の巨大ネットワークに分散している。それぞれが土地の管理運営を行うと同時に、城塞を構えている。これなら誰に頼る必要もない。誰に守ってもらおうとも思わない。

もちろん主力は東方にあり、西方にいるのは二級の兵力、しばしば負傷兵や廃兵も紛れる守備兵にすぎない。が、それならば他の領主の城には、常に精鋭がいたというのか。王や伯の城にさえ、どれほどの兵力があったというのか。封建軍は平時にはいなくなる。有事の動員にも時間がかかる。対するテンプル騎士団は常備軍であり、すぐさま呼び集められる。西方管区の兵士を集めるのは簡単だ。東方の兵士まで呼び寄せるなら、相応に時間がかからざるをえないが、それでも封建軍の召集から大きく遅れるものではなかったろう。

テンプル騎士団に敵はない——とはいわないまでも、おいそれと手出しできる相手ではなかった。一介の領主が刃向う術はなく、公や伯とて持つのは公領や伯領のみであり、動員できる物量において、テンプル騎士団には遠く及ばない。この西方全土に及ぶ巨大ネットワークの持ち主に比べられるとすれば、諸国の王、そのなかでも集権化を推し進めるフランス王くらいのものだった。

実をいえば、フランス王もネットワーク組織を作りつつあった。一三〇七年にテンプル騎士たちの逮捕を実行したバイイ、あるいはセネシャルである。王の地方代官のことだが、あるいは王家の地方管区の長といったほうが比べやすいか。バイイ、セネシャルは、それぞれの管区に王の名代、王の分身として飛ぶ。管区では王のかわりに裁判を行う。王のかわりに封主として封臣を率いる。王のかわりに王家が有する多くの領地、つまりは王領地を管理運営する。城を構える領地もあるので、そこで守備兵を指揮する総督や城代を統率する。

パリの北東、現在のセーヌ・エ・マルヌ県にあったモーのバイイ管区をみよう。首邑モーを中心とした半径約三十キロの円周上に、北からアシイ、東に行ってクーロミエル、南に下がり、クレーシー・アン・ブリィ、ラ・フェルテ・ゴーシェ、ヴールトン、モントロー、プロヴァン、モンソー・エザンス、ヴァランス・アン・ブリィと王家の城が並んでいる。それぞれの総督あるいは城代と結びつき、モーのバイイは任地でネットワークをなしていたのだ。

そのつながりは封建制のような脆弱なものではない。バイイも、総督や城代も、管区長や支部長がひとつのテンプル騎士団に属するように、皆が王家に属していた。このネットワーク組織を通じて、王は自分の国を支配しようとしていたのだ。

これに一定の評価を下せるとすれば、同じようなネットワークを持つテンプル騎士団にも、国あるいは土地を支配する力があったことになる。規模の違いもあり、テンプル騎士団の管区とバイイ管区もしくはセネシャル管区、テンプル騎士団の支部と城塞領地を単純に比較することはできないが、理屈としては全く同じなのである。

テンプル街道

テンプル騎士団の支部がつなぐネットワークは、単に地域を押さえただけではなかった。通じて、まずは水運を押さえた。例えば東方行きの船が出るので、テンプル騎士団にとってマルセイユはじめプロヴァンス地方の諸港は特別に重要だった。ここにいたる水運、とりわけローヌ河の水運は是が非でも確保しておかなければならない。そこでテンプル騎士団は川沿いに上流から下流にかけて、ヴァランス支部、モンテリマール支部、サン・ポール・トロワ・シャトー支部、ペゼナス支部、オランジュ支部、アヴィニョン支部、ニーム支部、モンフラン支部、ボーケール支部、タラスコン支部、ローラード支部、アルル支部、サン・ジル支部と、まさに数珠つなぎの体で置いていた。

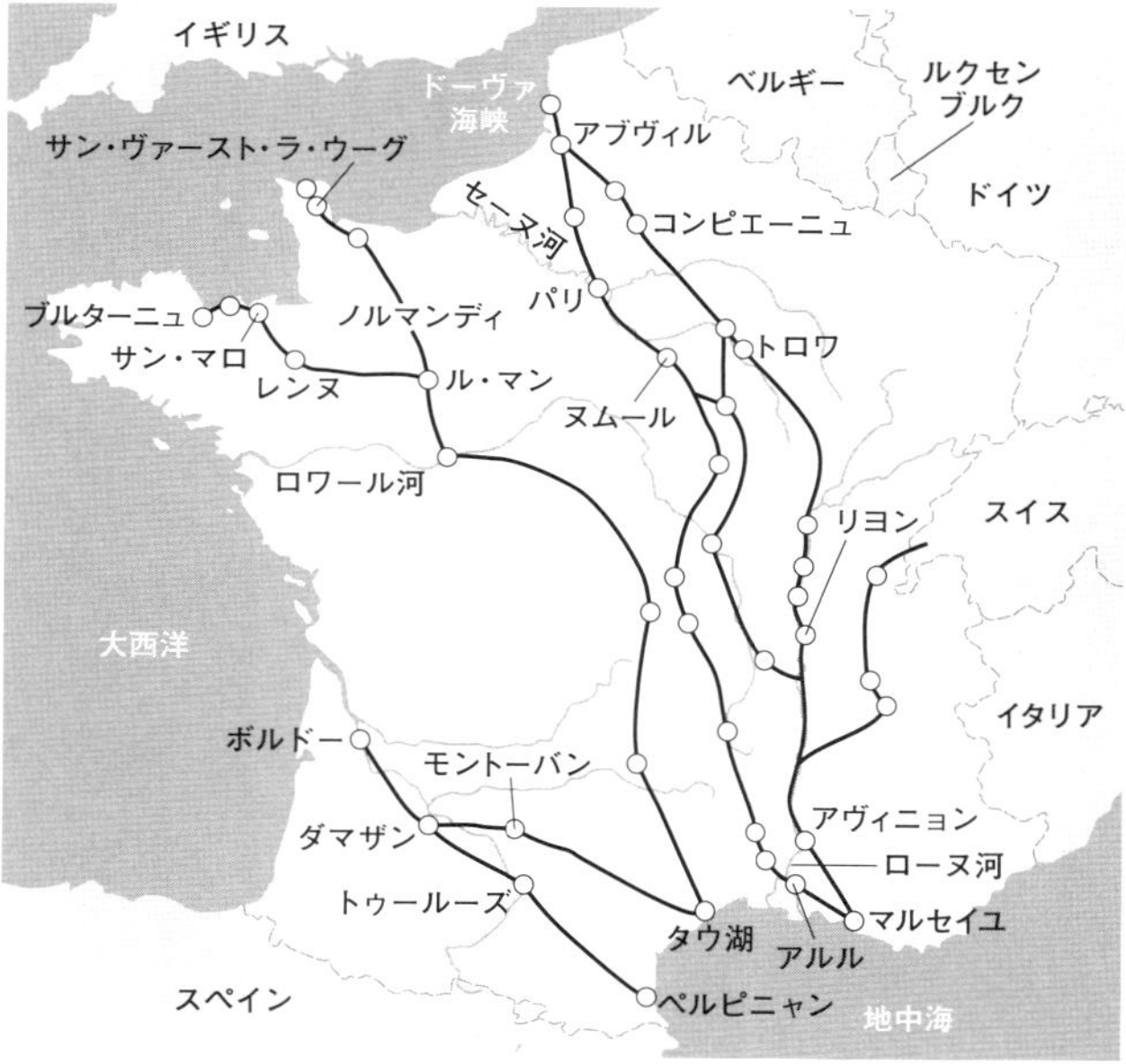

地図、テンプル街道

いや、ローヌ河流域だけではない。さらに先を丁寧に辿ると、この支部ネットワークが北に延びていることがわかる。終局的には陸路で地中海と北海をつなぐ道筋、テンプル街道ともいわれるべき道筋が現れる。それも二ルートでだ。

主要な支部を挙げながら、辿ってみよう。ひとつはマルセイユからアルル、西よりにニーム、アレス、ル・ピュイと北上するルートで、ルズー、サン・プールサン・シュール・シウル、プーク、ヌムールと経由して、パリの管区本部に達する。そこからティレ・プレ・ボーヴェ、アブヴィルと経て、ベルクもしくはテンプル・シュール・ローティで北海に達するルートである。もうひとつはマルセイユから、アルルより東のアヴィニョンに向かい、ローヌ渓谷の左岸を北上しながら、リヨン、ベルヴィル、マコン、シャロンと経由するルートである。テンプル騎士団の故地であるトロワ、パイヤン、さらにコンピエーニュ、モンディディエと連絡して、アブヴィルにいたるのである。

この二ルートを補完するルートもあった。ひとつはフランス中央高地の険しさ、とりわけ冬季の険しさを避けるために、サン・テティエンヌ、ブルボン・ランシィ、オーセールと経てから、パリ方面、またはパイヤン方面に分岐するルートである。もうひとつはグルノーブルに東進して、ヴォワロン、ブールと経ながら、スイスに向かうルートになる。

テンプル街道はローヌ河流域に発するものだけではない。同じ地中海岸、モンペリエの西方のタウ湖からも三ルートが出ている。ひとつはタウ湖からエスパリオン、リオム・アン・モンターニュ、ヴィランドリ、さらにル・マン、バルロワと経ながら、コタンタン半島を通過して、サン・ヴァースト・ラ・ウーグ、あるいはヴァルカンヴィルで北海に出る。つまりは終着がノルマンディだ。もうひとつはル・マンから分岐するルートで、レンヌ、サン・マロ、さらにサン・カス、サン・ブリウで、こちらはブルターニュの港に達する。最後がタウ湖からモントーバンに向かい、ダマザンでペルピニャン、トゥールーズから来る道と合流しながらボルドーに出て、最後には大西洋に出るルートだ。

かかるテンプル街道は、いうまでもなくフランスの外にも延びる。北海を渡りイングランドへ、ライン河を越えてドイツへ、ピレネ山脈を越えてスペインへと広がっていく。かくも巨大なテンプル街道は、それでは何に用いられたというのか。

物を運べ

そもそも西方の支部や、それを集めた管区というのは、東方における戦いを支援するために作られた組織である。イスラム教徒と戦うために聖地で暮らす者たちを、長期継続的に養っていくための機構なのである。西方で完結するわけにはいかない。東方で必要とされるものを、送り出さなければならない。その輸送のために、テンプル騎士団は支部のネットワークを通じて、テンプル街道を機能させなければならなかった。

ただ輸送の便宜のために、わざわざ街道を作るなんて、とはいうなかれ。中世と聞くと、なんだか牧歌的なイメージがあるかもしれないが、その治安の悪さといえば、異教徒に襲われる恐れがある東方と、それほど変わるものではなかった。前にも述べたが、封建社会というのはアナーキー一歩手前の状態のことだ。いたるところに盗賊山賊の類が潜み、また自分の領内では治安の維持に努める領主も、他領では、あるいは他領から来た者に対しては、平気で略奪行為を働く。土台が誰も警察力というほどの警察力は持っていない。仮に持っていても、他領に逃げこまれてしまえば手を出せない。

こんな難儀な世界で物を運ぶ、それも差はあれ遠距離を運ぶという作業は、まさに困難を極める。大袈裟でなく命がけでさえある。そこで安心できたのが、テンプル街道だった。テンプル騎士団の支部が連なる、それは街道警備の拠点が連なるという意味である。あるいは警察署が点々と連なるようなものだといおうか。支部は当然ながら常設で、不断に兵力が待機している。二級の兵力にすぎないとしても、警察力としては十分なのである。

騎士団創設の精神（それは東方の話だったが）そのままに、街道のパトロールを欠かさず、また輸送の護衛を励行する。それでなくとも、テンプル騎士団の支部は城塞である。これが、大体においては二十キロにも満たない間隔で連続している。それは荷を曳《ひ》いて進められる、一日の移動距離に収まる。危険な夜の時間帯には、支部の宿坊に泊まることができる。支部がなく、付属する荘園の居館もないとなれば、テンプル騎士団の騎士たちは野営陣を築いて、輸送を保護したとも伝えられる。

実際のところ、それは生半可な量ではなかった。騎士、従軍従士、トルコ式兵のような戦闘員に、司祭や労役従士などの非戦闘員も加わって、東方で活動するテンプル騎士団の人数は少ないときで六万、多いときで十万に達した。その給養は場当たり的な作業で果たせる域にはない。組織的、計画的、系統的な作業を通じてしか行いえない。

テンプル騎士団の支部は、それぞれに土地を持つ。農場だったり、牧場だったり、森だったり、草地だったり――いずれも収穫をもたらすが、各支部はその人員が暮らしていくために必要な分、つまりは自給自足分を除いた余剰分を、管区本部に報告しなければならなかった。その報告を元に計算して、管区本部は東方に送り出す分を決定し、その輸送の手続きを命令したのだ。

食べさせなければならないというのだから、大麦、小麦、ライ麦の穀物はじめ、干し肉から燻製《くんせい》品から、まずは食料を運び出す。騎士には馬が欠かせないため、西方には牧場もあった。イール・ドゥ・フランス地方のアルヴィル支部には、遺構として現在も五十頭を飼育できる厩舎《きゅうしゃ》が残されているが、ここは東方に送り出す軍馬を育てることで有名な支部だった。プロヴァンス地方のリシュランシュ支部も、石組みの周壁に囲まれた広大な牧場で知られていて、ここでも馬、それに牛や羊が、全部で千頭も育てられていた。東方には馬だけでなく、牛皮から作る防具や馬具、羊毛から作る衣類なども送ることができたのだ。

出せるものは、惜しみなく出してやる。その輸送のためにテンプル街道が不可欠だったし、支部を念入りに連ねることで、水運も確保されなければならなかった。物が集められたのがマルセイユはじめ、トゥーロン、イエール、ニース、アンティーブ、ヴィルフランシュ、ボーリュー、マントンなど地中海沿岸の港湾都市なのだ。

テンプル騎士団が自前で有する港もモナコ、サン・ラファエル、マヨルカ、マルティーグ、サン・トロペとあり、当時は地中海とつながっていたタウ湖畔のメーズも、重要な出港地になっていた。イタリアのアドリア海側にあるブリンディシなども、テンプル騎士団が使う港として知られていた。ハンガリア管区に置かれた支部も、同じくアドリア海に面する現在のクロアチアに多かった。これらの波止場から、いよいよ物が東方に運び出されるのだ。

十二世紀の当初は、契約した民間の船を使っていたようだが、テンプル騎士団は十三世紀には自前で船を持つようになった。「神殿の薔薇《ばら》号」、「祝福号」、「良き冒険号」、「神殿のハヤブサ号」というような名前をつけられた船が、艦隊をなしながら地中海を東に渡る。今度はテンプル航路というのか、サルデーニャ島のバリ、シチリア島のメッシーナなどを中継しながら、漕ぎつけるのはカエサレア、ティルス、シドン、トリポリ、わけても十三世紀からはアッコンだった。アッコンの支部長がテンプル騎士団の艦隊司令を兼ねたという所以である。

物を売れ

テンプル騎士団の船もまた、安全なことで高名を博していた。輸送船とは別に騎士や従士が乗りこむ船があり、かたわらで護衛の任についていたから、テンプル航路でも海賊に襲われにくかったのだ。評判になるにつれ、請け負うことになったのが、巡礼者の輸送だった。

西方の巡礼熱は前にも触れたが、いくらエルサレムに詣でたいといって、海を越えての旅は容易ならない。一般的にはジェノヴァやヴェネツィアから出るイタリア商船に乗せてもらうとか、あるいは操船の船員ごと船をチャーターするとかしたが、それでは危険が大きかったのみならず、ただ東方に到着することさえ覚束《おぼつか》なかった。かたわらテンプル騎士団としては、東方に船を出すついでということで、便乗させてやるのに特段の難儀もない。どんどん引き受け、往時にはマルセイユから出る分だけで、年間三千人から四千人の巡礼者を船に乗せていたというから驚く。

ブルターニュのモルビアン湾にあるテンプル騎士団の港、モワーヌ島の港なども、同じく巡礼者を船に乗せる港として有名だった。どこの巡礼といって、こちらはスペインのサンチアーゴ・デ・コンポステーラまでの巡礼なのだから、東方に物を運んでいくついでではない。もはや中世ヨーロッパの旅行代理店というか、なんだか話が別になった感もあるが、当然ながら運賃を取れるわけで、これもテンプル騎士団の収入になる。それも現金収入だ。

いうまでもなく、現金も重要だった。東方聖地の戦いを支えるにあたっては、むしろ現金のほうが重要だといえるほどだ。食料からして西方から運んでこられないもの、保存が利かないものは、東方現地で調達しなければならない。武器も、具足も、現地で手に入れる場合がある。

衣料、寝具、食器、その他、細々とした生活必需品にいたるまで、買わなければならないものは枚挙に遑《いとま》がないのである。西方から最大限運んでいくのだと頑張っても、建物までは運んでいけない。東方には騎士団の住居も設けなければならなかった。戦地であるなら、なおのこと軍事施設として建てなければならない。前線に置くなら、最新式の巨大要塞にしなければならない。それらの建築費も、常識的に考えれば現金で支払うのである。

金は、いくらあっても足りない。少しでも多くほしい。ときにテンプル騎士団の船は、東方で荷を下ろせば空になる。そのまま西方に引き返すかといえば、そんな無駄な話もない。ごく自然な成り行きとして、東方でも荷を積みこむ。綿布や香辛料など西方で高く売れるものを積みこめば、それも大きな収入になる。巡礼者を降ろしたかわりということか、なかんずく手がけたのが奴隷貿易だった。

とりたてて特異な話でなく、イスラム教徒の国々や、キリスト教徒のなかでもイタリア商人たちは、ごく普通に手がけていた。十三世紀でみると、奴隷貿易の中心地がアルメニアにあったキリキア王国の港アヤスだった。トルコ人、ギリシャ人、ロシア人、コーカサス人などの白人奴隷を、テンプル騎士団もときに支部の農作業に従事させるために連れ帰り、ときに有名な戦士奴隷マムルークの需要があるエジプトに下ろして、自らの利益としていたのである。

かくのごとく、テンプル騎士団は商取引に手を染めていた。物を売り、そこから現金を手に入れていたのだが、それは話を再び西方に戻しても同じだった。収穫があると、各支部の余剰分が管区本部に報告されて、管区本部は東方に送り出す分を決める。いいかえれば、送り出さずに貯蔵する分がある。それをテンプル騎士団の支部は売らなければならなかった。例えば一三〇七年のパイヤン支部は、所有の農場から穀物五百四十ボワソー（一ボワソーは約十三リットル）、十分の一税分と地代分で二百七・五ボワソー、全部で七百四十七・五ボワソーの収穫があったが、このうち五百七十六ボワソーを売却するよう命じられて、三十九リーヴルと十六スーの現金収入を稼いでいる。

売るなら、なるだけ高値で売るほうがよい。売らずに貯蔵するというのは、豊作のときの余剰を不作の年に売れば、それだけ儲《もう》けが大きくなるからである。また高く売れるなら、その場所まで収穫を運んでいく。小麦、大麦、ライ麦、さらに牛、豚、羊の食肉、チーズからバターから、水堀で養殖する魚、オリーヴや胡麻《ごま》を搾って精製した油まで荷車に積みこんで、安全なテンプル街道は、西方域内の収穫を現金化するためにも必要な便宜だった。

もちろん近いに越したことはない。都市に隣接しているならば、かかる大消費地に運びこむ、あるいはそこから買い手を支部まで呼び寄せるのが、最も速い。管区本部を構える「タンプル」は、巨大都市パリに隣接していたわけだが、一一八二年にフランス王から与えられた特権で、自ら肉屋を営業していた。農場で育てた牛、豚、羊等を精肉して、市民に売っていたわけだが、直営なので値段も安かったらしい。パリの肉屋組合から訴えられるまでに繁盛して、国王裁判所から「陳列台二つまで」と売る肉の量を制限されている。

プロヴァンには市外のヴァル支部、市内のマドゥレーヌ支部と二支部あったと前に触れた。シャンパーニュ伯家の厚意で、同市での売買税、輸送税、入市税等の免除特権を得ていたが、さらにマドゥレーヌ支部は旧市場広場に面した店舗を購入していた。ここにヴァル支部、さらに農場牧場を抱える他支部から収穫物を運びこませ、都市民相手の直売所を経営していた。旧市場広場では毎週火曜日に市が開かれ、地元の人間の多く活用するところになっていたのだ。

とはいえ、お金を払ってくれるなら、地元の人間にはこだわらない。どこから来てくれてもかまわない。いや、どこからでも来てほしい。テンプル街道だって、テンプル騎士団で独り占めする気はない。どこの誰も関係なく、どんどん使ってもらって構わない。流通が活性化して、商業が興隆して、都市に集まる人間が増えれば増えるほどに嬉《うれ》しい。それ自体がテンプル騎士団に、大きな収入をもたらしたからだ。

都市の利権

事実、テンプル街道が最も密に作られた地域が、フランドルからリエージュを経由してシャンパーニュにかかる一帯だった。そのパイヤン支部からクールール支部にいたるテンプル街道は、荘園の居館や穀物倉を合わせると、宿泊可能な施設が約八キロごとに置かれていた。土台が騎士団の故地というべき地域だが、それも偶然の産物でなく、街道の警備を効率的に行うため、土地の交換や売却を計画的に進めた結果だった。何故に力を入れたかといえば、シャンパーニュは大市（foire）が開かれる土地だったからだ。

大市とは国際的に人を集める一大商機のことである。シャンパーニュでは伯家の保護、マース河、モーゼル河、セーヌ河の水運、そして北のフランドル、南のイタリアという二大商業圏の中間という地勢をもって、十二世紀から大々的な発展を示した。開催されるのはトロワ、バール、ラニー、プロヴァンの四市だが、そのうちプロヴァンを例にテンプル騎士団の関わりをみていこう。

プロヴァンの大市は、五月から六月まで四十六日間続いたサン・キリアス大市、九月から十一月の諸聖人の祝日まで開かれたサン・アユール大市の、年に二回だった。わけてもさかんに行われたのが、羊毛、麻糸、皮革といった商品の売買で、ヨーロッパ屈指の規模を誇っていたとされる。そこでテンプル騎士団だが、プロヴァンでは単に免税特権を得ていただけではない。つまりは取られないだけでなく、取るほうになっていて、シャンパーニュ伯家が有していた課税の権利、全ての商活動にかけられる市場税（tonlieu）を徴収する権利を、窮乏に苦しんだアンリ伯から購入していたのだ。

十二世紀半ばのことだが、以後プロヴァンではテンプル騎士団に市場税を払わずには、麻玉一玉、羊毛一袋、羅紗《らしや》布一枚、羽毛一袋とて売買することができなくなった。プロヴァンの大市が賑《にぎ》わえば賑わうほど、テンプル騎士団の懐には労せず現金が入るわけで、なるほど、商業の振興に意を砕くはずだった。

プロヴァンのテンプル騎士団は、さらに十三世紀に入った一二四三年、生皮の売買税を徴収する権利を獲得した。一種の地場産業として、プロヴァンには百二十五もの皮革工房があったというから、仕入れが行われるたびに、またしても現金が入ってくるという寸法である。

大市の機会ならぬ日々の経済活動からも、少なからぬ上がりがある。同じプロヴァンでみても、支部は一二一四年に、土地の領主のギィ・ドゥ・モンティニィから買い取って、食肉と食肉加工用の動物の売買税を徴収する権利を手に入れている。穀物の市内持ちこみ税を徴収する権利も落手して、自らは免税ながら他からはしっかり集めていた。他に目を転じても、ラングドックのヴァウール支部はトゥールーズ伯レイモン・ドゥ・サン・ジルに与えられて、都市カストルでは「猛禽《もうきん》の所有」を除く全ての権利を行使できたと伝えられる。ここでも商いがさかんになるほど、テンプル騎士団は潤ったのだ。

かくのごとく、テンプル騎士団は金を好んだ。農場の収穫を売却するに留まらず、パン焼き竈、風車、水車と建てては、その使用料を住民に支払わせる。領主になっていれば、裁判を行うたび手数料を取ることもする。都市では寄進されたり購入したりで、少なからぬ不動産を持っている。それを賃貸に出せば、家賃収入も入ってくる。民家と商店合わせて、トロワ支部の例で五十、プロヴァンのマドゥレーヌ支部の例で七十もの物件を所有していたというから、その上がりも馬鹿にならない。

そんなこんなでテンプル騎士団は、とにかく金、金、金だった。東方の兵団を養い、聖地の戦争を継続するためなのだが、その都合から騎士団はさらなる方向性を見出す。金はそれ自体で金を生むものだからである。

第四章　テンプル騎士団は貸す

十字軍の現場では

それは、エジプトで戦われた第七回十字軍での一幕である。一二五〇年四月、フランス王ルイ九世が率いるキリスト教軍は、ダミエッタ撤退中に追い詰められ、王自身をはじめ総勢一万二千人の兵士が、イスラム教軍の捕虜に取られることになった。

アイユーブ朝の宮廷と交渉を重ねた結果、キリスト教軍が占領していた港湾都市ダミエッタを返還し、さらに総額で四十万リーヴルに上る身代金を支払う条件で、全員の身柄が解放されることになった。身代金も分割払いが認められ、まず二十万リーヴルを支払い、自由の身になるやエジプトを退去して、キリスト教徒の拠点アッコンに戻ってから、さらに二十万リーヴルを支払うと決められた。

五月六日、王弟ポワティエ伯アルフォンスを人質に残して、皆が釈放された。最初の二十万リーヴルにつき、支払いの目処《めど》がついたからで、全額が納められ次第、ポワティエ伯の身柄も解放される。ところが、である。あるだけの金を掻《か》き集めたが、まだ三万リーヴル足りなかった。フランス王と側近たちは、その三万リーヴルの金策を協議することになった。

なお大金である。およそ一リーヴルで、当時のエリートである騎士の給金の三日分だった。日給一万円と考えれば、一リーヴルが三万円、三万リーヴルは九億円の感覚だ。日給二万円とするなら、十八億円になる。故郷を遠く離れた異国のこと、もとより手持ちに余裕があるでなく、頼れる親戚や友が多いわけでもない。ルイ九世の家臣で、宮廷の主膳長を務めた重臣ジャン・ドゥ・ジョワンヴィルは、次のように伝えている。

「このとき私は王に、テンプル騎士団の──その総長は戦死していたので、支部長と軍務長を探しに行かせてはいかがか、その者たちに弟君を解放するための三万リーヴルを借りたいと申しこんではいかがか、と言上《ごんじょう》した。王は両名を探させることにした。その者たちには、私から話すようにとのことだった。切り出してみると、テンプル騎士団の支部長、兄弟エティエンヌ・ドトリクールの返事は、次のようなものだった。『ジョワンヴィル卿、貴殿が王に差し上げた進言は拙《まず》いものだし、道理を踏まえてもおられません。というのも、貴殿とて知っておられるはずだ。我らは我らにお預けいただいた御本人様でなければ、決して払い出しは行わないと宣誓したうえで、ご依頼をお受けしているのです』。それから支部長と私の間で、厳しい言葉、節度をなくした言葉までが交わされた。ここで口を開いたのが、テンプル騎士団の軍務長、兄弟ルノー・ドゥ・ヴィシエだった。いわれたことには『国王陛下、ジョワンヴィルの領主と我が支部長のいさかいを、終わらせてはいただけませんか。それというのは、我が支部長がお断りしましたように、我々は誓いに背くことなしには、何もお渡しできないのであります。さりながら、我らが貸金を渋り続け、そのために陛下の主膳長殿が逆上し、それなら奪うまでのことですと陛下に勧められるようなことになったとしても、それほど驚くわけではありません。まあ、好きになされるがよろしい。陛下が我らから奪い取ったとしても、我々は陛下の資産を相当額、アッコンにお預かりしておりますので、それで陛下に弁済していただくまでのことです』と。私は王に、お望みなら私が行きますといった。そうせよと王もご命じになった。私はテンプル騎士団のガレー船団の一隻、そのうちの旗艦に向かった。金庫が置いてある船倉に降りたかったので、私はテンプル騎士団の支部長に、一緒に来て私が金子《きんす》を持ち出すところに立ち会ってくれと頼んだのだが、支部長は来てくれようとはしなかった。そこで軍務長は、私がやるだろう乱暴を、自分が見に行くことにしようといった。私は金庫のあるところに降りるや、そこにいたテンプル騎士団の財務官に、目の前の櫃《ひつ》の鍵を渡せといった。が、その者は私が痩せていて、さらに病気でやつれ、着るものも捕虜として獄にいたときのままだったために侮り、なにひとつ渡すものかと答えた。たまたま斧《おの》があったので、私はそれを振りかざしながら、これが王の鍵になろうといった。みていた軍務長は、私の拳を押さえながらいった。『卿よ、あなたのなされようは、見事なまでに乱暴そのものでした。よろしい、鍵はお渡しいたします』

と。私に鍵を渡すよう命じられて、財務官も従った。軍務長が私が何者であるかを明かすと、財務官はとても驚いていた。私が開けた櫃は、王の従士ニコル・ドゥ・ショワジーのものだと判明した」

持ち出した三万リーヴルで、この直後にポワティエ伯は解放されたが、それにしてもフランス王家の切羽詰まった感じが、ひしひしと伝わってくる場面である。この一大事に居合わせながら、テンプル騎士団のほうはといえば、ちょっと違う空気だ。なんだか面白半分の軍務長は無論のこと、杓子定規《しゃくしじょうぎ》に理屈を述べ立てる支部長にしてみても、一種の余裕を感じさせる。それくらい珍しくもなんともない、日常茶飯事といわんばかりなのである。あるいは、それこそビジネスであり、淡々とこなすべき仕事なのだということか。

御本人様でなければ、決して払い出しは行わない

聖地で現金を必要としたのは、いうまでもなくテンプル騎士団だけではなかった。遠い異国に出るのだから、手元不如意は心もとない。巡礼にせよ、十字軍にせよ、東方に赴くという輩は、差はあれ金策に奔《はし》った。が、困難なのは資金の調達だけではない。その運搬にも苦労しなければならない。

まだ紙幣というものはなく、中世でお金といえば金属の貨幣のみだった。それは重くて、か

さばる。持ち運びには、不都合きわまりないのである。

現金を運ぶ道中も、安全とはいいがたい。西方の陸路には、盗賊、山賊の心配がある。地中海を渡る航路にも、海賊の危険がある。東方に上陸すれば、それこそイスラム教徒が待ち構える戦地なのだ。襲われる巡礼者があまりに多いというのが、初代総長ユーグ・ドゥ・パイヤンらが、テンプル騎士団を創設した動機になった通りだ。

してみると、逆に解決の術もみえてくる。つまりはテンプル騎士団に頼る。テンプル街道、テンプル航路と駆使しながら、西方と東方の往復を繰り返しているテンプル騎士団。武力を有して、盗賊、山賊、海賊、いや、兵団さえ寄せつけないテンプル騎士団。物の輸送、人の輸送だけでなく、かねて現金の輸送にも実績あるテンプル騎士団。この組織に預けて、東方まで運んでもらえばよいと考えついた者は、当然ながら一人や二人に留まらなかった。

依頼が殺到して、あっという間に事業になる。櫃であれ、金庫であれ、財布であれ、預かった現金は東方まで輸送する。手数料を取るかわり、きちんと責任を持つ。無事に運び果《おお》せるのは当然として、「御本人様でなければ、決して払い出しは行わない」との断りに偽りなく、その保守管理にも意を砕く。不正はない、騙《だま》されない、損をさせられることもないと、人々は揺るがぬ信頼を寄せて、テンプル騎士団に虎の子の現金を預けたのである。

一二五〇年にエジプトに行ったニコル・ドゥ・ショワジーも、自分で運ぶより遥かに安全と、現金の櫃をテンプル騎士団の船に預け放しにしていた。高が王家の従士風情が、不足の三万リーヴルを補えるほどの大金を有していた理由については、他の従士たちの分もまとめて、代表して預けたからだろうとされている。

なるほど東方で、しかも危険きわまりない戦場に出るならば、現金など持ち歩いていられない。戦場でこそ、安全なテンプル騎士団に預けておかなければならない。いや、たとえ少額で、たとえ戦場でなくても、やはり東方で現金は持ち歩きたくないではないか。ジョワンヴィルなども、このあとアッコンに滞在したとき、給金として四百リーヴルを支払われると、「そのうち四十リーヴルだけ諸々の出費のために手元に留め、残りはテンプル騎士団の支部長に預かってもらう」ことにしている。

もっとも、東方には必ず現金を持参しなければならないわけではない。わけても十字軍で戦う兵士は、私的な出費は別として、渡航費、滞在費、その間の食費など、戦争に関わる出費を求められたわけではない。十字軍の軍資金についていえば、神のためと称してローマ教皇が呼びかけた戦争だけに、少なくとも第二回十字軍からは、カトリック教会が負担するものとされた。実際は軍資金の三分の二ほどを賄うのが精いっぱいで、残りはフランス王やイングランド王、神聖ローマ皇帝というような王侯が負担した。ルイ九世の十字軍で、総額百五十万リーヴルほどといわれているから、カトリック教会が百万リーヴルほど、フランス王家が五十万リーヴルほど支出したと思われる。

軍資金を出すとなれば、ここで再び現金を扱う必要が生じる。王の場合は自分で輸送する場合もあった。先のルイ九世の場合でみても、身代金支払いの可否を後方ダミエッタに留まる王妃に問い合わせており、フランス王家の金庫も一緒に守られていたものと思われる。さすが自前で防備のための武力を用意できる権力者だが、それでもテンプル騎士団に頼る場合もあったようだ。

時代を遡り第二回十字軍の話になるが、フランス王家の重臣シュジェは、東方にいるルイ七世に追加の資金を送るとき、その輸送をテンプル騎士団に依頼している。まだ権力基盤が小さく、フランス王といえども曽孫《ひまご》のルイ九世ほどの武力は持たなかったのかもしれない。

カトリック教会のほうはといえば、これは基本的に武力を持たない組織である。護衛隊の程度はないではなかったが、世俗の王侯に比肩できるものではない。状況としては個々の巡礼者、個々の十字軍士と同じで、行き着くところはテンプル騎士団だった。

例えば一二〇八年、教皇インノケンティウス三世は、千リーヴル・プロヴァンに相当する金貨を、東方のエルサレム総大司教とテンプル騎士団総長、聖ヨハネ騎士団総長に届けるよう、西方のテンプル騎士団に命じている。一二二〇年七月四日付の手紙によれば、教皇ホノリウス三世は東方にいた教皇特使アルバノ司教に送金するとき、最初にイングランド王国で集められた二十分の一税（十字軍の特別税）、銀貨五千マルクを、次にフランス王国で集められた二十分の一税、金貨六千オンスを、それぞれパリの「タンプル」に納めさせることで、そのままテンプル騎士団に運ばせている。ここで垣間見《かいまみ》えるのは、テンプル騎士団が単に東方に運搬するだけでなく、西方での徴税にも関わっている点である。

事実、十字軍の軍資金に充《あ》てる分の徴税は、テンプル騎士団に任されることが多かった。最初は各修道会、わけてもシトー派修道会に委ねられた仕事だったが、それも運搬まで担えるテンプル騎士団に一任したほうが効率的だったのだ。

一二一五年ラテラノ公会議の決定に基づき、ローマ教皇ホノリウス三世の在位中も二十分の一税は、全てテンプル騎士団に納められることになった。応じて、一二一六年十一月十二日、クリューニー大修道院長は、修道会の収入から徴収される二十分の一税を、パリの「タンプル」においてフランス管区本部の財務官、エマールに払いこんでいる。一二一九年、ノワイヨン司教とモー司教は、二年分の二十分の一税をやはり「タンプル」に運び入れた。一二一九年六月十五日、ホノリウス三世は収納した二十分の一税をアルバノ司教に送るよう命じているが、続く十月一日の手紙によれば、総額およそ一万六千マルクと見積もられていた。その内訳の一部が恐らく、先に挙げた一二二〇年の手紙で触れられたものである。

ルイ九世の十字軍に用いられた軍資金も、教会が集めた分はいったんパリの「タンプル」に集められていた。パリ司教区の徴税、三年分で一万四千四百二十八リーヴル、十スー、三ドゥニエ・トゥルノワが、「タンプル」に払われた記録があるのだ。シャルトル司教区も「タンプル」の財務官ジルに、一二四七年九月七日に四千五百リーヴル、一二五〇年四月二十二日に千五百五十リーヴルを納めている。

ローマ教皇マルチヌス四世下、リヨン公会議の決定でも、テンプル騎士団への収税が命じられた。結局のところ、カトリック教会が集める軍資金は、ほぼテンプル騎士団で一括管理という状態だったようだ。一二八三年十月二十一日付のマルチヌス四世の手紙によると、フランス王フィリップ三世も十字軍に自らなした出費の贖いとして、王国外で徴税された六万二千二百五十リーヴル、十二スー、四ドゥニエ・トゥルノワと、亡き父王ルイ九世に渡されるはずだった未納分二万三千八百三十八リーヴル、三スー、四ドゥニエ・トゥルノワを、テンプル騎士団の手から受け取っている。

相当額をアッコンにお預かりしておりますので

それにしても、大金である。集めるにも、受け取るにも、払うにも、運ぶにも、なんともはや、難儀な話なのである。武力を備えて、きちんと守ることができるフランス王やテンプル騎士団にとっても、重たい貨幣を大量に運ぶ苦労に変わりはなかった。なんとか楽をできないかと考えれば、それはさほど難儀せずに思いつく。

先のルイ九世の話でも、軍務長ヴィシエは「陛下が我らから奪い取ったとしても、我々は陛下の資産を相当額、アッコンにお預かりしておりますので、それで陛下に弁済していただくまでのことです」といっている。さしものフランス王も軍資金の全額を、戦地のエジプトまで携行するのは骨折りだったとみえて、一部は東方におけるキリスト教徒の拠点アッコンにある、テンプル騎士団の支部に預けてきたようだ。

その金額以内なら、フランス王に払い出してもテンプル騎士団の損にはならない。たまたま持っていたのが預かり物ということで、アッコン支部長ドトリクールは渡せないと頑張ったが、軍務長ヴィシエがいうように「乱暴」で決まりを破られてしまったなら、そのときは仕方がない。言い訳さえ立つならば、金子を渡してしまっても、テンプル騎士団としては何も損はしないのである。それどころか、わざわざ現金を運んでこなくてよいだけ楽だ。

実際のところ、この方法も歓迎された。テンプル騎士団のどこかの支部に金を預け入れる。金額を証明する書類、つまりは手形を出してもらい、それをみせることで、別の支部で払い出しを受ける。この方法なら常に現金を動かさなくてよい。預けた貨幣そのものは払われないが、同じ金額は払われるのだ。フラン金貨、マルク銀貨、スターリング銀貨というような実体貨幣は、リーヴル、スー、ドゥニエの計算貨幣（一リーヴルを二十スー、一スーを十二ドゥニエとして計算する。トゥルノワ、つまりはロワール地方の都市トゥールの交換比率に基づいたトゥール建てが多い。他にパリ建て、プロヴァン建て等あり）に置き換えられ、払い出しを求められたとき再び実体貨幣に戻される。大抵の場合は、それで困らないのである。アッコンに預けられたルイ九世の資金にせよ、それがカトリック教会から渡された分だったとすれば、それこそ現金の移動を伴うものでなく、テンプル騎士団の内で帳簿を書き改めただけだったのかもしれない。

もっとも、テンプル騎士団のように常に現金を持っている組織にして、初めて可能になる話である。それだけに人々は、こぞってテンプル騎士団を利用した。いっそう便利だというのは、その支部が西方にも東方にも、それこそどこにでもあったからである。

当世の親御さんがするように、遠くにいる子供に仕送りのようなこともできた。一二六六年八月、ブールゴーニュ公はフランスでテンプル騎士団に、銀貨五百マルクを払いこんだ。これを換算した千三百八十七リーヴル、十スー・トゥルノワを、十字軍に出ていた息子のヌヴェール伯ウードはテンプル騎士団アッコン支部で受け取っている。

三万リーヴルを借りたいと申し入れて

ルイ九世がテンプル騎士団の船から持ち出した三万リーヴルは、預金払い出しの扱いになったのか、それとも預金を担保にした貸金の扱いになったのか。ジョワンヴィルは伝えていないが、担保がある、でなくても信用があるといった場合は、貸金に応じるケースも少なくなかった。それこそ東方におけるテンプル騎士団のありがたさであり、借りられなければ意味がない、こういうときに貸すのがテンプル騎士団だろう、是が非でも借りてやるというジョワンヴィルの態度も、この文脈で頷けるものとなる。

貸金は割に早い段階、テンプル騎士団の創設間もない十二世紀のうちから行われている。一一四八年三月、フランス王ルイ七世はアンチオキアに着いた時点で、もう軍資金が尽きた。重臣シュジェに宛てた手紙によると、王は「その者たち（テンプル騎士団）は朕に金を貸してくれたのみか、自らの名前でも借り入れして、この大変な額を用立ててくれた」ので、「銀貨二千マルクを遅れず返済してほしい」としている。元フランス管区長で、かねて王家と懇意の総長エヴラール・デ・バールは、このときアッコンに急行して、自ら金策に奔走したのだ。

まだ洗練された印象はない。テンプル騎士団の側も、いつでもどこにでも現金があると余裕綽々《しやくしやく》な風ではなく、ずいぶんと慌てている。が、この未発展な十二世紀の段階でも、金を借りられる相手と目されていた。あるいはルイ七世に貸したことで、他の十字軍士や巡礼者にも広く認識されたということか。

テンプル騎士団が債権を買い取る場合もあった。ジョフロワ・ドゥ・セルジーヌという、ルイ九世が帰国するに際して、東方の後事を託された十字軍士がいるが、率いる百騎士の養いのために、パレスチナでとある銀行家から三千リーヴル・トゥルノワを借りた。エルサレム総大司教、テンプル騎士団総長、聖ヨハネ騎士団総長の保証があっての話だが、これを一二六七年にパリの「タンプル」が弁済し、自らの債権としている。

期限まで返済できなければ、三千リーヴルの罰金を支払うとの有利な約束ができたからだが、結局のところジョフロワ・ドゥ・セルジーヌは戦死する。息子も同じく戦死したが、その未亡人のイザベルはジャン・ダルティーという貴族と再婚した。この二人をパリ高等法院に訴えて、テンプル騎士団は借金の返済を求めている。罰金の支払い、損害賠償の要求については、判決留保になったようだが、取り立ての厳しさが窺える話である。

さておき、ここで再びテンプル騎士団が便利なのは、東方で借りた金を東方でなく、西方でも返せる点だった。セルジーヌの例からも窺えるが、パリの「タンプル」、つまりはフランス管区本部に返すというのが、最も多いパターンだった。もうひとつが、決済の機会として多額の現金が授受されるシャンパーニュの大市だった。例えば、一二四九年四月三十日、キプロス島のリマッソルにいたヨランド・ドゥ・ブルボンは、そこで金貨一万ベザントを借りた。交わされたのが、ラニィで開かれる次の大市で返済するという約束だったが、その額が三千七百五十リーヴル・トゥルノワとされた。ここでもうひとつ気づくのは、ベザントという東方の実体貨幣が、西方の貨幣に両替されていることである。

いうまでもなく、両替はタダではない。今でも手数料を取られる。それが中世のヨーロッパ、さらに近東であることを考えると、困難は察するに余りある。実際のところ、巡礼者も、十字軍士も、両替には泣かされてきた。法外な手数料を取られたり、不正な換算で騙されたり、それもイスラム教徒の両替商のみならず、キリスト教徒も平気でやるというのである。

重い貨幣を苦労して東方に運んでも、二束三文の価値に下げられてはたまらない。どうすればよいかといえば、やはり答えはテンプル騎士団だった。東方の支部には東方の現物貨幣があり、妥当な手数料できちんと両替してくれるのだ。いや、テンプル騎士団なら手形一枚で足りる。西方の支部に預けた金額を計算貨幣に直してもらい、それを東方の現物貨幣に戻してもらうだけだ。もちろん手数料の分だけ、いくらかは目減りする。それでも大損はしない。借金も然りであり、東方の必要は東方の貨幣で満たすが、それを西方で返すときは、当然ながら西方の貨幣で返してよいのである。

中世ヨーロッパの銀行

なんと便利な輩がいてくれたことか。時代の要請といおうか、十字軍という不便きわまりない営みの必要から、テンプル騎士団は金を預かり、また運び、あるいは払い戻し、さらに送金、貸し金、両替と行うようになっていった。ふと気づけば、まるで銀行だ。

ここで中世ヨーロッパの金融業について、少し触れておこう。意外にもといおうか、あまり好意的にみられる職業でなく、銀行、金貸しなどはキリスト教徒はやるべきでないとさえいわれていた。聖書に「わたしの民《たみ》のひとりで、あなたのところにいる貧《まず》しい者《もの》に金《かね》を貸《か》すのなら、彼《かれ》に対《たい》して金貸《かねか》しのようであってはならない。彼《かれ》から利息《りそく》を取《と》ってはならない」（出エジプト記二二・二五、新改訳）とあることから、とりわけ利息を取ることは罪悪であるとされたのだ。

金融はユダヤ教徒や、キリスト教徒のなかでも一部のイタリア人にかぎられる生業だった。有名なシェイクスピアの『ヴェニスの商人』などでも、ユダヤ人の金貸しシャイロックは悪役である。いや、ちょっと阿漕《あこぎ》な感じはするけど、そこまでやっつけられないといけない悪人なのかと、日本人の身にして首を傾げる部分があるが、それはそう描かれざるをえない歪な慣習があったわけだ。

ある意味では社会の日陰者で、「○×銀行」などと大通りに大看板を掲げられるわけではない。世人の白眼視に堪えながら、目立たないよう、ひっそり続ける風なのであり、当然ながら規模は小さかったし、大きくもできなかった。現物経済が主であるうちは、それで事足りてきたが、十三世紀を迎える頃には貨幣経済が発展の途につく。後押しした要因のひとつが他ならぬ十字軍だったわけだが、この国際的な巨大事業の必要に、既存の金融業では応えることができなかったのだ。

その空白を埋めたのが、テンプル騎士団だった。あるいは埋めることになった、埋めることを求められたというべきかもしれないが、いずれにせよ、気がつけばテンプル騎士団は中世ヨーロッパの銀行、文字通りの銀行になっていた。

それは東方だけの話ではない。テンプル騎士団の支部は西方にこそ、無数に置かれていた。看板を掲げるわけではないが、それと知らない者などいないくらいだ。それとわかっていれば、足も運びやすい。テンプル騎士団の支部は、僧院であり、城塞であり、それと同時に銀行業の支店、窓口営業所でもあったのだ。

これまた便利、ますます便利と、人々はこぞってテンプル騎士団を使う。

まずは貸し金庫として

テンプル騎士団に預けておけば安心というのは、なにも遠距離を運んでもらうときだけではなかった。普段の、それも東方のみならない西方の生活においても、泥棒、強盗、盗賊の襲撃などの心配はあったからだ。現金、宝石、貴金属、権利書や証文など、貴重品を守りたいと思えば、人々が頼るのはやはりテンプル騎士団だった。

いや、テンプル騎士団にかぎる話ではない。教会や修道院に金品を預けておくというのは、中世ヨーロッパでは割合どこにでもみられる、ごく一般的な慣習だった。宗教建築の不可侵性は広く認められていたし、堅固な石造りの建物で、誰もいなくなるということがないので、前々から重宝されていたのだ。

そこへ持ってきて、テンプル騎士団の支部である。それは修道院、つまり襲えば罰を当てられそうな宗教建築であるのみならず、城塞の機能を併せ持つ。完全な留守にはならないのみか、武力を備えた人間が常駐している。金品を預けておくのに、これほど安心できる場所もないというので、人々は多少の手数料を惜しまず、この「貸し金庫」を好んで利用したのである。

ルイ九世からして、利用者だった。東方聖地で関わり深かったフランス王は、自分の国でもテンプル騎士団を重宝した。例えば、リーヴル原器の保管である。リーヴルは重さの単位でもあったが、王がその原器を預けていたのがパリの「タンプル」、つまりはフランス管区本部にある金庫だった。一二五三年、ルーアン副伯領の水の計量士ギョームが、任地のリーヴル量を確定するよう命じられ、基準となる原器を借りに「タンプル」を訪れた記録がある。王宮で保管するより安心というわけで、ルイ九世は一二五九年、イングランド王ヘンリー三世の使節との間で結んだ条約の原本も、「タンプル」に預けている。

それはイングランド王も同じだった。例えばジョン王はフランスに戦争に行く、イングランドを留守にするというので、一二〇四年から一二〇五年にかけて王印と王冠の宝石を、こちらはイングランド管区本部であるロンドンの「テンプル」に預けた。その息子のヘンリー三世も一二二〇年に、フランスの王太子ルイに支払いを約束した一万マルクのうちの割引分を保管するよう、テンプル騎士団のイングランド管区長アダム・マルテルに依頼している。イングランドの豪族たちに反乱を起こされた一二六一年など、王冠の宝石をロンドンの「テンプル」でなく、パリの「タンプル」に預けたりもしている。

かかる利用は一介の貴族や町人にもみられ、また、より小さな支部でも受け付けていた。例えば一二一一年九月二十八日、ピエール・コンスタンは遺言で、妻の持参金の一部を返還するのに、テンプル騎士団のサン・ジル支部（現ガール県）に預けた二千スーを使うとしている。一二五四年十月十八日付のレイモン・ブレモンの遺言には「全ての称号、全ての荘園、なかんずくテンプル騎士団のモンペリエ支部に預けておいた財産を、私の娘フィリッパに帰せしめる」と記されている。テンプル騎士団に預けておけば、死後も安心というわけだ。

お預け入れしていただければ

預けた貨幣そのものが戻されるのでなく、預けた金額を使えればよいというなら、テンプル騎士団は西方でも大いに使い勝手があった。例えばイングランド王ヘンリー二世は、一一八六年三月十一日の取り決めで、息子アンリ王子の妃であるフランス王女マルグリットに二千七百五十リーヴルの年金を支給することになった。その金子がテンプル騎士団のサント・ヴォーブール支部に払われ、その預金から月毎の金額がパリに運ばれるとされたのだ。サント・ヴォーブール支部はノルマンディ地方のルーアン近郊、現在のセーヌ・マリティーム県にある支部だったが、当時の「ノルマンディ公領」はイングランド王の領地だった。当然パリはフランス王の治下にあり、つまりは「国際送金」も東方の場合と同じように、テンプル騎士団を介せば簡単だったのだ。

十二世紀の話であり、因みに現金の輸送は、まだ行われていたようだ。これがヘンリー二世の息子たちの時代になると、変わる。一二〇六年、イングランド王ジョンはフランスで行われた戦闘で、その地の王フィリップ二世に家臣のジェラール・ダティーが捕虜に取られたとき、身柄の解放のために大蔵局からロンドンのテンプル騎士団に支払うことで、パリのテンプル騎士団に身代金五百マルクを支払わせている。つまり現金の移動がなく、帳簿上の手続きで済んでいるのだ。西方と東方ほど離れているわけではないが、フランスの用事をイングランドで済ませられるなら、やはり便利なことに変わりはないのである。

ときに捕虜の身代金というものは、いうまでもなく負けたほうが勝ったほうに払う金だ。それが戦争の結果であるならば、中世ヨーロッパにおける賠償金の意味合いもある。そこにテンプル騎士団を噛ませられるなら、もっと大きな取り決めを実行する、条約を履行するというような場合にも、同じく噛ませられることになる。

例えば一二五九年五月二十日、フランス王ルイ九世とイングランド王ヘンリー三世の間で和平条約が結ばれ、そのなかでフランス王は、占領したアジュネ地方を政治的に支配できるかわりに、その経済的な利権に相当する金額をイングランド王に支払わなければならなくなった。一二六一年から固定された年額三千七百リーヴル、八スー、六ドゥニエだが、払いこまれる先がパリの「タンプル」だった。その金をイングランド王は、ロンドンの「テンプル」で労せず下ろせるという寸法だ。

ジョン王
写真提供：Granger / PPS通信社

世に聞こえたテンプル騎士団に預けていれば、信用の度合いが高まるという理屈もあった。一二一四年、イングランド王ジョンはフランス王と再戦するにあたって、自分の味方にするために、西部フランスの有力者たちに年金を支払うことにした。テンプル騎士団のラ・ロシェル支部に預金して、ここから支払わせる形をとらざるをえなかったのは、これまでの経緯が経緯だったというか、なにぶんにも前回の戦争に大敗していたからである。こんな駄目王に、ただ払うと口約束されたところで、容易に信じられるわけがない。金はあるんだと請け負われても、疑わずにはいられない。テンプル騎士団に預金しているのだと胸を張られて、ようやく信用できるという図式である。

一例がアングーレーム女伯アリスで、ジョン王は五百リーヴルの年金を約束していたが、同年九月十六日付でテンプル騎士団のラ・ロシェル支部長に手紙を宛てて、二千五百リーヴルを預けるので、そこから五年分を支払うように依頼している。ラ・ロシェルは西部フランス随一の港湾都市である。もう一例がウー伯ラウルで、ジョンは五年の支払いのために、同ラ・ロシェル支部に三万リーヴルを預金している。

息子のイングランド王ヘンリー三世も同じだった。一二三五年、フランス大西洋岸に浮かぶオレロン島の利用を許されるかわりに、その領主であるフランスの豪族ラ・マルシュ伯に、八百リーヴルの年金を五年間支払うと約束した。ロンドンの「ニュー・テンプル」に年二百スターリングを払い、パリの「タンプル」で八百リーヴル・トゥルノワにして、ラ・マルシュ伯に支払わせたのだ。

イングランド王のフランス政策の話が続いたが、状況はフランス国内においても変わらなかった。フランス王ルイ九世の弟、アンジュー伯シャルルも頻々とテンプル騎士団を使ったひとりだ。有名な野心家だけに、年金を払わなければならない機会が多かったのだ。

まずは預金しなければならないわけで、一二五六年九月にフランドル伯妃マルグリットから、十六万リーヴルの負債を返済されるときは、その支払い先を「テンプル騎士団、もしくは債権者がパリ近郊に指定したどこか」と定めた。恐らくは「タンプル」に払いこまれたのだろう。これで安心とばかりにアンジュー伯は、ほどない十一月、それを「タンプル」で毎年三回に分けて払うとしながら、プロヴァンス女伯ベアトリスに終身年金六千リーヴルを支払う約定を結んでいる。位を譲らせ、自分がプロヴァンス伯になるためだ。

さらにエルサレム王にもなろうとした。一二七七年にはマリー・ダンチオシュにエルサレム王の継承権を放棄させるかわり、その補償金として四千リーヴルの年金を支払うことになったが、それも指定は「タンプル」からだった。アンジュー伯領の年貢収入から支払うとも約束しており、それが前もって「タンプル」に預け入れられたと考えられる。

王族のアルトワ伯ロベールも同じで、一二六六年六月、スリィの女領主ペルネル・ドゥ・クールトネに終身年金二千リーヴルを支払うことになったとき、やはりテンプル騎士団からと指定している。一二八五年、娘のマオー・ダルトワをブールゴーニュ伯オトンに嫁がせることになったときは、その持参金一万リーヴルも先がけてテンプル騎士団に納めなければならなかった。その信用を介さなければ、娘を嫁に出すこともできなかったのだ。

もちろん御融資のほうも

東方だけでないといえば、西方でも急な入用が発生することがある。最たる機会が戦争だが、十字軍をやっているから控えようという話にはならず、すでにみてきているように西方でもさかんに戦われた。それこそフランス王とイングランド王など、始終戦っていた。捕虜に取られる場合もあるが、その身代金が常に払えるとはかぎらない。

一二〇四年五月五日、イングランド王ジョンは大陸で捕虜に取られた忠臣ウィリアム・ブリュワーを取り戻そうと、テンプル騎士団のフランス管区長に身代金の交渉とその支払いを依頼し、その金額を自らの借金としてイングランドの管区長に返済すると約束している。一二〇五年には、イングランド王に捕虜に取られたアルカナカとモイエというフランス貴族が、自らの身代金のためにテンプル騎士団から各百四十マルクを借りて、その身柄を無事に解放されたという例もある。

戦争でなくても金の必要が生じる場合、例えば遠隔の地で支払いを行わなければならないような場合があった。現金を携帯していく危険もあり、それなら出先でテンプル騎士団に借りたほうがよいという理屈である。一二七四年九月二日、イングランド王エドワード一世はパリの「タンプル」の財務官ジャン・ドゥ・トゥールに、自分がパリ高等法院に派遣した二人の代訴人が任務のために必要な弁護士を雇えるよう、それぞれに二百リーヴルと三百リーヴルを貸してほしいと依頼している。

払いたくても払えないという場合もある。一二一五年、ジョン王はイングランドの諸侯たちと反目すると、援軍はフランスから呼ぶしかないと、旧領ポワトゥーの騎士たちをイングランドに呼びこもうとした。諸々の経費は払うからと約束したが、フランスまで手渡しに行くわけにはいかないし、もとより金に余裕があるわけでない。ジョン王はテンプル騎士団に頼った。同年四月十一日に返済した記録があることから、まず千百マルクをフランス管区長エムリィ・ドゥ・サン・モールから借りたとわかるのだ。

それでも戦況は好転せず、六月には諸侯の要求を「大憲章《マグナ・カルタ》」として認めざるをえなくなった。が、そこが支離滅裂な駄目王ジョンで、ほどなく大憲章の無効を宣言すると、また諸侯たちに戦いをしかけた。今度は傭兵を雇い入れると称して、八月十三日にはテンプル騎士団のポワトゥー管区長に頼みこみ、また千百マルクを借りた。それでも、足りない。さらにイングランド管区本部から千マルク、ポワトゥー管区本部から二千マルクを借りようとしたが、さすがに返済を危ぶまれて、このときは相当額の金塊を担保として預けさせられている。

翌年の十月にはジョン王が急死したから、テンプル騎士たちの措置は正解だった。もっとも、テンプル騎士団の融資がなければ、ジョン王がここまで戦えたとは思われず、息子のヘンリー三世が王位を継げたかどうかも怪しい。政争の可否すらテンプル騎士団の融資頼み、いいかえれば貸すか貸さないか、テンプル騎士団の胸三寸だったといえる。

もちろん特別な場合だけでなく、大口の相手だけでもない。テンプル騎士団の貸金は日常的に行われ、一介の貴族や町人というような小口も断らなかった。例えばイングランド王ジョンは、一二〇二年五月二十日に寵臣のエティエンヌ・デュ・ペルシュが、テンプル騎士団より五百リーヴルを借りるとき、その返済の保証人になっている。一二〇五年にはレイモン・ドゥ・カオール、その弟エリィ、ギョーム・アヴァルソン、アンベール・ドゥ・ポルシェの四人のフランス商人が、イングランドで銀貨二十マルクの商品陸揚げ税を支払わなければならなくなった。四人とも持ち合わせがなかったため、テンプル騎士団の支部長アランが立て替えて、それを後に返済させる形で処理している。一二八一年には「タンプル」の財務官ジャン・ドゥ・トゥールがアルトワ伯に、そのドムフロン領の年貢収入を返済に充てる約束で、千五百七十八リーヴルを融資した例もある。

ときにキリスト教徒たるもの、貸し金から利息を取ってはならないのではなかったか。それなのに融資を手がけて、どんなうまみがあったというのか。中世ヨーロッパの罪の意識から、さすがに堂々と利息と謳いはしないものの、テンプル騎士団は経費というような言葉を用いて、やはり利息を取っていた。例えば一二七四年、イングランド王エドワード一世はテンプル騎士団に二万七千九百七十四リーヴル・トゥルノワの借金を返済しているが、このとき一緒に「手間賃、経費、上乗せ」として五千三百三十三リーヴル、六スー、八ドゥニエ・トゥルノワを納めている。これを利息とするなら、二割に近い利率だ。

よろしければ経理のほうも

貴重品を保管させ、金を預け、それで支払い、必要が生じれば借りて、それを収入から返済する。そこまで頼るなら、いっそ金のことはテンプル騎士団に丸投げにしたほうが早い。そう考える者がいても、もはや何も不思議でない状況である。

実際のところ、テンプル騎士団は得意の顧客については、その収入まで管理して、経理全般を引き受けることがあった。ルイ九世の弟王子、ポワティエ伯アルフォンスなど好例である。

一二四五年、主の奉献の祝日から主の昇天祭にいたる会計簿が残っているが、これによるとポワティエ伯の収入は、全部で四千三百五十八リーヴル、六スー、十一ドゥニエを数えた。これが二つの部分に分けられた。テンプル騎士団が管理している収入が三千二百二十九リーヴル、五スー、テンプル騎士団が管理していない収入が千百二十九リーヴル、一スー、十一ドゥニエと、二系統で会計処理されていたのだ。ポワティエ伯の収入のおよそ七割までを、テンプル騎士団が担当したということである。

特別な収入があったときなどは、それも伯は端《はな》からテンプル騎士団に預け入れた。例えば一二六五年、南フランスのアルビジョワ地方で徴収する竈税《かまどぜい》、つまりは臨時の人頭税は、テンプル騎士団に納入するよう命じている。一二六七年十月二日と十一月十三日には、やはり南フランスのトゥールーズ市で同意された竈税を、パリの「タンプル」に入れるよう指定している。一二六九年、アジュネ、ケルシィのセネシャル管区で、ユダヤ人課税が行われたときも、上がりは全てパリに持ち去られる手筈《てはず》になった。

実のところポワティエ伯アルフォンスは、親王としてポワティエ伯領を与えられたうえに、南フランスの実力者トゥールーズ伯レイモン七世の一人娘ジャンヌを娶《めあわ》せられて、南フランスにも大封を有するようになっていた。財務管理は骨折りだ。というより、ぼんぼん育ちの王子には手に余る。となれば、テンプル騎士団に頼るしかなかったのだ。

一二六八年、アルフォンス伯はポワトゥーのセネシャルに、現地の現金を全て「タンプル」に運び入れるよう命じている。一二六九年の主の奉献の祝日から諸聖人の祝日までの会計簿をみると、ルエルグ、アジュネ、ケルシィのセネシャルたちにも、収入はパリのテンプル騎士団に納めさせていたようだ。

もはや通常の収入まで入金して、常にテンプル騎士団に預金しておく。そこから自分が引き出すも、誰かに支払うも、足りなくなったら借りるも、面倒な手続きはテンプル騎士団が全て上手にやってくれる。つまりはメインバンクである。町人や貴族、領主や諸侯までテンプル騎士団をメインバンクにして、何も悪いことはない。それが一国の王だとしても、金のことはテンプル騎士団に全て任せて――おかしくはないだろうか。

フィリップ二世の遺言

フランス王フィリップ二世は、一一九〇年六月二十四日に遺言（testament）を発表している。当時まだ二十五歳で、結局一二二三年まで生きた王が、なにゆえ遺言を書いたかといえば、その同じ年、もう直後の七月には、第三回十字軍に出る予定になっていたからである。イングランド王リチャードと仲違いして、さっさと帰ってきたことを思えば、遺言など些か大袈裟なような気もする。が、それは後から振りかえった結果論にすぎない。十字軍に出る、つまりは遠く東方聖地に赴いて、イスラム教徒と戦うというのは、遺言を書くくらいの覚悟を決めなければ、とてもじゃないが取り組めない一大事だったのだ。

遺言の内容をみてみれば、摂政に母親のアデール・ドゥ・シャンパーニュと、その弟で王には叔父にあたるランス大司教ギョームを任命し、それは自分が留守にする間もフランス王国がつつがないようにと、あらかじめの指示を徹底したものでもあった。結果的には国制のあれやこれやを明文化することにつながり、それはフランス王家が出した初の本格的な勅令

フィリップ二世
写真提供：UIG / PPS通信社

(ordonnance) であるともされている。

この遺言勅令では、お金の管理についても触れられている。全二十一条のうちの、十七条と十八条がそれに当たる。引用してみよう。

「十七条、さらに朕は命ずる。朕に支払われるべき全ての収入、労役代替金、賦課金は、三度の期日においてパリに運ばれる。第一の期日は聖レミギウスの祝日であり、第二の期日は聖母御清めの祝日であり、第三の期日は昇天祭の祝日である。それらの金子は本勅令で先に挙げたブルジョワたちと元帥代理に引き渡される。そのうちの誰かが死亡した際は、ギヨーム・ドゥ・ガーランドの選定で空席が埋められる」

「十八条、朕の収入の収納に際しては、朕に仕えるアダム坊が立ち会い、その記録をつける。その金子はタンプルの金庫に納められ、各自はその鍵をそれぞれ一本ずつ持ち、タンプルも一本の鍵を預けられる。そこから、王が書状をもって要求した金子を、王に送るものとする」

フィリップ二世より先に、その父王ルイ七世も一一四六年、いわゆる第二回十字軍に出るときに、国王金庫をシテ島の王宮からセーヌ右岸の「タンプル」に移している。留守の間もテンプル騎士団に預けておけば安心と、堅牢な城塞でもある「タンプル」に預けたわけだが、十字軍から帰って後のことは記録がない。シテ島に戻されたのか、「タンプル」に置かれ放しになっていたのか、そこのところは不明だが、フィリップ二世により明文化されて、少なくとも以後の国王金庫は「タンプル」に置かれることになった。バイイ、セネシャル、さらに同じ地方代官ながら管区の小さいプレヴォが収める年貢収入、裁判行政の手数料など王領地で生ずる金銭、使用料や賃貸料といった諸々の権益など、フランス王が手にする全ての金は年に三度、テンプル騎士団のフランス管区本部、パリの「タンプル」に納められることになったのだ。

フィリップ二世の遺言勅令では、王に仕えるアダム坊、その実はノワイヨンの司教座聖堂参事会員の禄を持つ修道士が、会計を受け持つような話になっている。「タンプル」の利用は貸し金庫の意味合いにすぎなかったともいえるが、それでも国王金庫の鍵の一本は、テンプル騎士団に預けられていて、すでに非常な信頼が窺える。テンプル騎士団にしてみても、フランス王はお得意様の最たるものである。よろしければ経理のほうも、となるのは時間の問題と思われるが、少し待て。

まだ十二世紀である。中世ヨーロッパの銀行と打ち上げるには、いくらか時期が早い。発展途上のテンプル騎士団を、フランス王たちが自身の金庫と、さらにその鍵を預けるまでに信頼したのは他でもない。フランス王ルイ七世と、フランス管区長を務め、後に聖地でテンプル騎士団第三代総長となるエヴラール・デ・バールは、そも懇意の間柄だった。組織としてテンプル騎士団を信頼するより、個人としてテンプル騎士を信頼するほうが先だったのだ。

フィリップ二世も同じである。わけても王が信頼したテンプル騎士は、その名前をエマールといい、テンプル騎士団財務官兼国王財務官となった人物である。

エマール

エマールの出自については、あまりよくわかっていない。テンプル騎士団に入団した騎士修道士で、十二世紀の末頃にはフランス管区で支部長を務めるくらいまでに、頭角を現していたらしい。パリの管区本部で財務官に任じられたのが一二〇二年だが、その同じ年にエマールは、フランス王の収入についても全体会計簿を作成している。王家との密接な関係が、すでに築かれていた可能性が高いが、いずれにせよプレヴォ、バイイ、セネシャルといった地方代官たちは、国王金庫への収納金を、それが置かれる「タンプル」に届けたのみならず、テンプル騎士団の財務官エマールの会計に委ねたのである。

まさに丸投げ状態で、これがフィリップ二世の末年、いや、その後までも続いた。エマールは一二二三年という王の没年より四年長い、一二二七年まで財務官を務めたのだ。一二二二年九月にフィリップ二世は、今度こそ本当の遺言を作成したが、そのなかでエマールは三人の遺言執行権者のひとりに指定されている。

そうまでの信頼を寄せられたことからして、エマールの財政家としての有能ぶりは疑いない。実際のところ、テンプル騎士団に国王金庫を預けたフィリップ二世の三十三年間で、その収入は百二十パーセントも増えている。当然といえば当然で、別に「征服王」とも呼ばれた王は、プランタジネット家のイングランド王ジョンとの戦争に勝ち、それが有していたノルマンディ、アンジュー、メーヌ、ポワトゥーなどを手に入れて、フランス王家の領土を倍増させた。領地が増えれば、収入も増える。当たり前の話でしかないようだが、大勝と一緒に王家の行政能力までが飛躍的に高まるわけではない。よろしければ経理のほうもと申し出るまま、エマールはじめテンプル騎士団は急激に量が増えた会計仕事も、一手に引き受けたのだ。

国王金庫がシテ島に戻されず、「タンプル」に置かれたままになったのは、それゆえだったのかもしれない。フィリップ二世といえば、パリ城壁を建設し、さらに西門の出丸としてルーヴル城を設けた王としても知られる。これだけ堅固な城塞なら安心と、ルーヴル城に文書を一括管理することも決めたのだが、金庫のほうはパリ城壁の外にある「タンプル」に置いたままにしたのだ。理由は必ずしも施設でなく、むしろ人だったことが窺える。

事実、フランス王の領土が増えても、テンプル騎士団の財務官エマールがいなければ、収入はうまく入らなかったかもしれない。例えば、ノルマンディ公領である。一二〇二年六月に侵攻を開始し、要衝ガイヤール城を陥落させて征服を完了したのが、一二〇六年六月だった。が、イングランド王を負かしても、フランス王が直ちに在地の豪族たちに主君と認められるわけではない。これらに忠誠を誓わせるのが一苦労なわけだが、例えばウー伯がフィリップ二世に誠実奉公の約束を捧げたとき、その立ち会い人を務めたのがエマールだった。

旧来の慣習を改めるときも、困難を極める。王の名においてノルマンディの豪族たちを集め、協議の末にアンジュー発祥のプランタジネット家が用いてきた計算貨幣リーヴル・アンジュヴァンを、フランス王家が用いるリーヴル・トゥルノワに改めることを了承させたのも、テンプル騎士団のエマールだった。簡単には変えられない制度もある。ノルマンディ公領においてパリの高等法院に相当したのが、最高法院（échiquier）である。フィリップ二世はこの独自の機関を存続させることにしたが、この最高法院の過越の祭の会議を、一二一三年、一二一四年と主宰したのも、やはりエマールなのである。

見方によれば、フランス王フィリップ二世は占領地行政にテンプル騎士団の力を借りた。余所者にすぎないからには、フランス王のいうことなど聞けない。在地には城ひとつ持たず、見も知らなかった人間を、いきなり信用できるわけがない。そうした向きも全キリスト教世界的に声望があり、ノルマンディでも、アンジューでも、アキテーヌでも、どこにでも支部を構えて、すでに在地の権力者であるテンプル騎士団に求められれば、耳を貸さないわけにはいかなかったのだ。テンプル騎士に王の役人を兼ねさせるうまみは、そこにもある。

国王財政を営む

テンプル騎士団フランス管区本部における財務官は、確認されるだけでもジャン・ドゥ・ミイイ（一二〇二〜一二三四）、ジル（一二三六〜一二五〇）、ギョーム（財務官代理、一二三七）、ビアンヴニュ（一二五七）、ピエール・ボーソー（一二五七〜一二六一）、ニコラ（財務官助手、一二六一）、ユベール（一二七〇〜一二七二）、ジャン・ドゥ・トゥール（財務官補、一二七〇。財務官一二七四〜一三〇二）、ニコラ・フラマン（財務官代理、一二九〇）、ジャン・ドゥ・トゥール（財務官、前任者と同名、？〜一三〇七）と受け継がれたが、その全員が王の財務官としても働いている。

最後の財務官となったジャン・ドゥ・トゥールなど、一三〇七年十月十三日、テンプル騎士の一斉逮捕の当日も、王の役人たちと一緒に働いていた。ノルマンディのサン・ミシェルで開かれていた最高法院に出張していて、そこで逮捕されたのだ。会議の出費一覧には、四人の警吏によるパリまでのトゥール連行費用、四十リーヴル・トゥルノワまでが、きちんと記載されている。

まさに最後の最後まで癒着して離れなかった。テンプル騎士が王の役人を兼ねる人的な紐帯《ちゅうたい》もあり、フランス王の金庫はフィリップ二世の時代のあとも「タンプル」に置かれ続けた。ルイ八世の時代は記録がないが、ルイ九世、フィリップ三世、フィリップ四世の時代は、史料的にも確かめられる。

王家の経理も、テンプル騎士団に委ねられ続けた。会計簿も「タンプル」に提出されたというのは、プレヴォやバイイ、さらにはセネシャルといった地方代官が入金する分は、実はそれぞれの管区の収入全額でなく、それぞれの管区でかかる人件費、設備費、光熱費等々の経費を引いた金額だったからだ。一二九六年の諸聖人の祝日締め会計簿によれば、二十万九千リーヴル・トゥルノワの収入のうち、十六万リーヴルまでが在地で出費されている。その出費に不正がないかのチェックも「タンプル」で行われたので、フランス王の会計監査院（chambre des comptes）も「タンプル」に置かれるようになった。

入金を受け持つというが、テンプル騎士団が自ら取り立てる場合もあった。例えば一二三八年でみると、ボーヴェ市長から貸金返済千リーヴル、オルレアンの空位司教収益（王国内に在職者のいない司教座があるとき、その司教収入を手にできるという国王特権のひとつ）三百四十四リーヴル、六スー、六ドゥニエ、ボーヴェの空位司教収益二千四百八十七リーヴル、バール伯から貸金返済八百リーヴル、シャロンの空位司教収益六百七十リーヴル、十二スー、七ドゥニエ、シャントソー守備隊の売却代金三百十九リーヴル、十一スーと、広い範囲を徴収して回っている。十三世紀末葉になると、ユダヤ人頭税、貨幣鋳造税、国王十分の一税など、臨時の特別課税が増えていくが、その徴収などもテンプル騎士団に任され、そのまま「タンプル」に入金される形になった。

入金だけでなく、「タンプル」はフィリップ二世の遺言勅令にもあるように、フランス王家の出金も担当した。地方の出費は済んでいるので、通常払い出すのは王家の宮廷費や中央官費である。例えば一二三九年の記録によると、王宮の出納を担うギョーム・ドゥ・ブライは「タンプル」から、五月十一日から九月十三日にかけて、全部で三十六回の支払いで、総額三万五千二百リーヴルを受け取っている。侍従ジャン・サラサンも一二五六年二月十日から一二五七年十一月八日にかけた二十一ヶ月の間に、「タンプル」から総額で八万四千三百九十二リーヴル、一スー、六ドゥニエを出金された。

宮廷費といえば、王の付け買いや借金の支払いも宮廷費のうちか。一二四七年十月、ルイ九世はジェノヴァで装飾タイルを買い求めたが、その支払いは十字軍が出発するエーグ・モルト港か、もしくはパリの「タンプル」で行うとしている。一二六七年三月九日、ルイ九世は聖地にいるときも、エルサレム総大司教はじめ数人から、四千四百リーヴルを借りた。このときも三百リーヴル、四百リーヴル、六百リーヴル、七百リーヴル、八百リーヴルと金額が書かれた八通の手形を差し出し、それをパリの「タンプル」に提示すれば、十五日以内に支払われるとしている。

外交の経費などは、中央官費の内に数えられようか。一二二七年、ルイ八世は南フランスを席巻したアルビジョワ派の異端問題に対処するため、サンス管区の某聖職者を四年にわたり派遣したが、その報酬として年に千五百リーヴル・パリジを「タンプル」で二期に分けて受け取るよう命じている。一二七六年にはフィリップ三世がアラゴン王子の渡航費を受け持ち、それを「タンプル」に支出させている。ナバラ王国を支配下に入れるようになると、首邑パンプローナ市が代表団を宮廷に送り出すための旅費なども、「タンプル」から出された。一二七七年二月十七日の手紙で、王はナバラ総督ユスターシュ・ドゥ・ボーマルシェに一万五千リーヴル・トゥルノワまで借金をしてよいと許可したが、その返済が求められたら二週間以内に、その旨をパリの「タンプル」まで通達せよと書き添えている。フィリップ四世下、一二九三年の御清めの祝日締めの会計簿では、ブリュッへの助祭長ジャン・ドゥ・ラ・フェルテのセヴィーリャ行き、アルトワ伯ロベールのジェノヴァ行きが、それぞれ外交の経費として「タンプル」から払われている。

貨幣経済が発達するにつれて、十三世紀からはフランス王家においても、定期金、年金、賞与の支払いが増えていく。自分の味方にし、忠誠を誓わせ、あるいは養いを与える場合も、領地を下賜したり、官職に就けたりするより、金をやるほうが早いとなったわけだが、その払い出し窓口も大方が「タンプル」だった。

ルイ九世でみても、一二二七年にブーローニュ伯フィリップに終身定期金六千リーヴル、一二五九年にはラ・フェルテ・アレー城を譲られる対価としてエティエンヌ・ドゥ・モン・サン・ジャンに三百リーヴル、騎士ピエール・ドゥ・フォンテーヌに五十リーヴル、一二六〇年にはパリ施療院に十リーヴル、一二六六年にはブルボン卿夫人アニェスに二百リーヴル、ドルー伯ロベールに二百リーヴル、一二七〇年にパリの某盲目人に三十リーヴルと、定期金の支払いを決めているが、大口から小口まで、これら皆が「タンプル」に受け取りにいったのである。

地方の出費も、地方官の裁量を超えるもの、管区の収入では賄えないものなどは、中央の出費として、やはり「タンプル」から払い出された。例えば一二三四年に各地の国王代官プレヴォが提出した昇天祭締めの会計簿によると、ムーラン城、ノジャン城、モンタルジ城の防備工事のための資金、ムーランに工房を設立する費用、ポークールとオルレアンの御料林における番人の給与、サン・ジェルマン・アン・レイ城の管理官の経費が、管区では賄いきれない分として、「タンプル」の支払いとなっている。

そうそうある話ではないが、戴冠式の費用なども中央の支出である。一二八五年、フィリップ四世がランスで戴冠聖別したとき、あれやこれやで二万三千百六十リーヴル、七十二スー、一ドゥニエ・パリジもかかったが、これも「タンプル」から出された。「タンプル」から、「タンプル」からと繰り返してしまったが、もちろん全ての出金は「タンプル」に置かれていた国王金庫からである。

いちいちテンプル騎士団に預金する必要はなかった。イングランド王ジョンとは事情が違った。いや、イングランド王家もロンドンの「テンプル」に対しては、フランス王家と同じような状況にあったのだが、いかんせんジョンは駄目王であり、国内の豪族たちに大憲章を押しつけられた、立場の弱い君主だった。収入も安定しないし、信用もない。預金がなくては、とてもじゃないが出金できない。反対にフランス王の場合は、「タンプル」に預けられている金庫に、きちんきちんと入金があったのである。

足りなくなっても、そこはテンプル騎士団だった。その場で融資してくれる。返済に充てられるべき王の金は、どのみち「タンプル」に来るのだからと、大体の場合は担保も取らなかった。預けられた国王金庫が、あるいは最たる担保だったというべきか。

何が悪いのか

王の金庫がパリの「タンプル」に置かれ、テンプル騎士が王の財務官僚として、その出納、さらには監査にまで従事する。もはやメインバンクという以上の癒着だ。財政をテンプル騎士団に丸投げにして、しかし、それの何が悪いというのか。

前にも触れたが、テンプル騎士団に財政を丸投げにしたのは、フランス王家だけではなかった。十字軍の財政なども、西方での徴収から、管理、送金、東方での支出、両替にいたるまで、テンプル騎士団は何度となく一手に任されていた。フィリップ二世と特に懇意で、その後の癒着を招いたテンプル騎士エマールなどにしても、フランス王のために奔走していた同じ時期に、ローマ教皇のためにも働いている。一二一二年九月にはインノケンティウス三世の命令で、南フランスで教皇のために集められた金子の収納に向かっているし、一二一六年にはホノリウス三世に、クリューニー派の諸修道院の収入から、二十分の一税を収納するように命じられているのだ。経理や遺言の執行を任せられていたのも、フランス王だけではない。インゲボルク王妃や侍従ゴーティエなど、いわば王の身内は当然として、エマールはシャンパーニュ伯家の財政などにも深く関与していた。フランスの「タンプル」だけでも、こうなのである。

イングランドの「テンプル」では、イングランド王家が似たような状況にあった。他の管区でも、財政を丸投げにしていた勢力、そうまでの癒着でなくとも、かなりの程度までテンプル騎士団に依存していた家門は、大小様々数えきれない。テンプル騎士団には、もちろん自分の金庫もある。財政の側面からみるならば、フランス王も、イングランド王も、ローマ教皇といえども、この巨大な金融機関の取り扱いの、ほんの一部を占めるにすぎなかったのだ。

教皇や諸王の財政が片手間仕事とは、なんだか屈辱的にも聞こえる話になったが、なお何が悪いというのか。それで財政がうまくいくなら、何の問題もなかろう。どんなに癪《しゃく》に障っても、それがテンプル騎士団の実力であるならば、甘んじて認めるより仕方がなかろう。が、そうやって引き下がれない話もある。

テンプル騎士団に出納から監査までも握られ、足りないときは融資で補われることまでされていたなら、もはやフランス王家は銀行に経営を押さえられた企業も同じである。自分の意思が通らない。これをしたいと望んでも、無理だ、無謀だ、そんな金は払えないとテンプル騎士団に反対されれば、もう断念するしかなくなるのだ。

これは我慢ならない。というのも、「タンプル」が行う出金には、宮廷費、中央行政費、地方行政の補い、年金の支出等々に加えて、もうひとつあった。戦争だ。常に求められるわけではないが、求められれば、しばしば莫大な出費になる。必ず元が取れるという営みでなく、それどころか全てを失う危険さえある。出金を渋られるのは道理だ。好きに戦争をやりたい王は、テンプル騎士団に財政を委ねるわけにはいかないのだ。

事実、もう止めようとした王がいた。一二九五年の六月といわれているが、フランス王フィリップ四世は「タンプル」から国王金庫を引き揚げ、それをルーヴル城に移した。同時に財務官も新たに任命して、テンプル騎士団から距離を置こうとしたようにみえる。そうすると「美男王」と呼ばれたフランス王は、好きに戦争をやりたい手合いだったのか。

第五章　テンプル騎士団は嫌われる

美男王

フランス王フィリップ四世が「美男王（le Bel）」の名前で歴史に残るのは、いうまでもなく端整な顔立ち、華やかな金髪、人垣から頭ひとつ抜けるくらいの長身で、非常に見栄えがしたからである。とはいえ、同じ血統なのだから、カペー朝には前にも後にも美男の王はいたはずだ。フィリップ四世だけが、どうして容姿ばかりを取り上げられたのか。

後に触れるパミエ司教ベルナール・セッセなどは、王の美貌を「石像のようだ」と形容した。「梟《ふくろう》」と綽名《あだな》をつけたのは、それが「鳥のなかで最も美しいながら、何の役にも立たない」とされたからだ。「人というより動物だ」という酷評のほうは、フィリップ四世が滅多に喋《しゃべ》らなかったことによる。喋らなかったというより喋れなかった、つまりは頭が悪かったので、容姿の他には特筆するところもなかった。そんな風に扱《こ》き下ろされることさえあるのは、人前に出ることが極端に少なかったせいかもしれない。王の周囲にはギョーム・ドゥ・ノガレ、ギョーム・ドゥ・プレージアン、アンゲラン・ドゥ・マリニィら、「法律顧問《レジスト》」と呼ばれる側近たちがいて、かわりに行動してくれたのだ。

　その活動は多岐に及び、ときには兵隊を率いるような仕事まで任されている。にもかかわらず、別して「法律顧問」と呼ばれているのは、文字通り法律の専門知識を持っていたからだ。それは出自が平民でありながら大学できちんと法学を修めた、それもパリ大学で教会法を学んだのでなく、トゥールーズ大学やモンペリエ大学でローマ法学を修めた能吏《のうり》たちなのだ。これが新しかった。従来の国王顧問といえば、王族たち、貴族たち、それらの血縁である高位聖職者たちだけだったが、フィリップ四世は生まれよりも実力と、有能な人材をどんどん登用していったのだ。

　登用しようと考えたこと自体に、すでに非凡な資質が垣間見られる気もするが、さておくとして、この王の治世というのは実際新しい試みだらけだった。そのために新しい人材が必要だったともいえる。

　パリの「タンプル」から国王金庫を引

フィリップ四世
写真提供：Granger / PPS通信社

き揚げたことも、そのひとつである。従前の諸王は先代の慣習を踏襲するばかりで、別段おかしいとも思わないできた。それに手をつけた「美男王」と「法律顧問」たちが、最大の敵としてテンプル騎士団に襲いかかることになるわけだが、その話になる前に、このフランス王フィリップ四世は何をしていたのか、何をしたかったのか、いくらかみていくことにしよう。

フィリップ四世の戦争

やはりそれをテンプル騎士団に邪魔されたくなかったということか、フランス王フィリップ四世は確かに戦争をする王だった。

まずはイングランド王との戦争である。一二五九年にパリ条約が結ばれ、祖父王ルイ九世の代に一応の終結をみていたが、その確執を「美男王」は再燃させた。一二九二年に起きた些細《ささい》な小競り合いを取り上げて、イングランド王エドワード一世に呼び出しをかけ、これに応じないからと、一二九四年五月十九日にイングランド王家がフランス王国に有する全封土の没収を宣告したのだ。南西フランス、ギュイエンヌ地方のことであり、フィリップ四世は弟ヴァロワ伯シャルルが率いる軍勢を送りこんで、一二九五年には占領を済ませてしまった。

イングランド王もやられたままにはしておかない。一二九七年一月七日、エドワード一世はフランドル伯ギイと同盟を結び、南北からの挟み撃ちを画策した。させるものかと、フィリップ四世は先制攻撃である。六月にフランドルに侵攻し、八月二十六日にはフュルヌの戦いで伯軍を打ち破り、優勢の図式において十月九日、ヴィル・サン・バヴォンで休戦した。イングランド王も強く出られない。そこでエドワード一世と結んだ和平が、一二九九年六月十九日のモントルイユ条約である。フランスの王女イザベルが、イングランドの王太子エドワード（後のエドワード二世）と結婚することになったのは、この条約でのことだ。

フィリップ四世は矛を収めない。フランドル伯とは休戦したが、和平は結んでいないと、こちらで戦争を再開する。一三〇〇年、王弟ヴァロワ伯シャルルは、ドゥエイ、ベテューヌ、リール、クールトレ、ブリュッヘへと、主要都市を次から次と占領し、フランドル伯とその息子まで捕虜にした。一三〇一年にはジャック・ドゥ・シャティヨンがフランス王のフランドル総督に任命され、いよいよ実効支配が始まる。向かうところ敵なしのフランス王だが、ひとつだけ大きな泣きどころがあった。それが、金だ。

戦費は常に不足していた。戦争ばかりしていれば、当然の話といわれそうだが、戦争なら父王フィリップ三世も、祖父王ルイ九世もした。その前のルイ八世もしたし、フィリップ二世など「征服王」の名があるほどだ。戦争こそ王の仕事といえるほど繰り返してきたというのに、どうしてフィリップ四世ばかりが金の苦労を背負わなければならなかったか。

軍隊が別物になろうとしていた。封主の召集に封臣が馳《は》せ参じる従来の封建軍は、基本的に戦費を必要としない。日本の封建社会と同じく、御恩と奉公の原理で成立しているからで、知行を認めている領地そのものが給養の手段、従軍の対価だった。ところが、その無償奉公はヨーロッパでは時間が切られる。往々にして四十日――それがすぎれば、封臣は封主が勝ち戦を逃そうが、負け戦を強いられようが、知らぬ顔で戦場を離れてよかった。フランス王とイングランド王の両者に知行を与えられていた場合など、最初の四十日をフランス王軍で、次の四十日をイングランド王軍で戦うというような真似も可能だった。

この四十日というのが、また微妙な日数だ。例えばフランス王が地盤のイール・ドゥ・フランスを平定するというなら、四十日の戦争で十分である。電光石火の作戦ならば、フランドルにも遠征できるかもしれない。が、ギュイエンヌとなると、かなり苦しい。それなのに勢力を拡大したフランス王は、今や遠隔地での戦争を厭えなくなったのだ。かかる戦争に封建軍は役に立たない。封建軍では遠国の十字軍として戦えなかったのと、同じ理屈である。

かたわらで発展を遂げていたのが、貨幣経済だった。武力の調達も土地でなく、金で解決する時代が到来した。封建軍のかわりに用いられたのが傭兵隊で、戦争をする者はそのための給料を払わなければならなくなった。封建軍を召集した場合でも、四十日で戦争を放棄されないように、だんだん給料が支払われるようになる。その給料のことを仏語で「ソルド」といい、これが英語の「サラリー」になるが、さておき、フランス王フィリップ四世である。

ギュイエンヌ戦争、フランドル戦争と、ご先祖と同じように戦争をしているだけなのに、莫大な戦費がかかる。時代は徐々に変化していくものであり、フィリップ四世が即位して急にというわけではない。実は先代フィリップ三世の頃には、かなりな負担を強いられるようになっていた。一二八五年に行ったアラゴン遠征など、本当の外国遠征であり、実に百二十万リーヴルもかかった。フィリップ三世は遠征中に陣没したので、後を継いだ息子のフィリップ四世はその負債をも抱えなければならなかったのだ。

いうまでもなく、出費が増大したからと、併せて収入のほうまで増えるわけではない。経済的には封建軍でやっていた頃のままだ。王とて領地収入で暮らすしかなかった。領地の数が多いだけで、その原理はその他の領主貴族と、なんら変わるものではなかった。

各地にある王の領地は、プレヴォ、バイイ、セネシャルといった王の地方代官に収入を納める。代官たちは管区で用いる経費を除いた分をパリに、つまり一二九五年までは「タンプル」に収納する。その額が一二九〇年から一二九五年の水準で、四十万リーヴルから多くて六十万リーヴルだった。王の宮廷費が十万リーヴルから二十万リーヴルかかる。残るのは二十万リーヴルから最大でも五十万リーヴル、そこから大貴族でおよそ千リーヴルほどという年金を何人、いや、何十人と払い、軍事的要衝には守備隊を置いておきたいとなれば、それも一箇所につき最低でも五百リーヴルかかる。さらに外交費を払い、なにか普請したければ建築費を払い等々と使っていけば、もういくらも残らない。

それなのに、これに戦費が加わる。アラゴン戦争は破格として、例えばギュイエンヌ戦争でみても、一二九四年から一二九七年の四年間で二百万リーヴルから三百万リーヴルかかったとされる。単純計算で毎年五十万リーヴルから七十五万リーヴルだ。一二九八年十月から一二九九年十月までの一年強の間の会計で、フランドル戦争には四十四万七千リーヴルかかっている。ざっとみて、一戦争が一年で五十万リーヴル、こんな金、どこからも出しようがない。もう本当に話にならない。

あの手、この手

戦争はあきらめるか。いや、あきらめられない。ないものは借りるか。当面は仕方ないが、借金もいつかは返さなければならない。返せなければ、そのうち貸し手がいなくなる。いきつくところ、フィリップ四世は新たな財源を探さなければならなかった。「美男王」と「法律顧問」が新しい試みを連発したというのも、このためだ。古いシステムに頼るままでは、やっていけなくなっていたのだ。

テンプル騎士団が東方聖地の軍団を養うために、地主として、領主として、大家として、特権保有者として、さらには商人として、銀行として、この二世紀間というもの積み重ねてきた努力を、フランス王は今さらになって急に求められたともいえる。しかしテンプル騎士団を簡単に真似られるわけではない。フランス王にできること、フランス王にしかできないことをしなければならない。それには何が考えられるか。

フィリップ四世は統治初年から、あの手この手で収入増に励んだ。最も簡単なのが、テンプル騎士団にも、もちろん一介の領主にも認められていない国王大権のひとつ、貨幣鋳造権を発動する方法だった。一二九〇年にロワイヤル金貨、九五年にドブレ金貨と、金の含有率を下げた改鋳を断行して、要するに差額分を自分の懐に入れるのだ。

税金という考え方も出してくる。領地からの年貢とは理屈が異なるというのは、それがフランス全土に課されるものだからである。自分の領地も、他人の領地も関係ない。その戦争はフランスという国のためなのだから、フランス王は王国から一律に税金を集められるのだと、そういう理屈を声高に唱え出すのである。

血で払うかわりに金で払えという理屈でもあり、「美男王」と「法律顧問」は、しばしば軍役代替金として税を課した。一二九四年、フィリップ四世はギュイエンヌ戦争のために、ラングドックで村の共同竈毎《ごと》に六スーを徴収している。一二九五年には貴族たちに財産税の形で、百分の一税を課した。一二九六年、フランドル戦争のためにも、王の役人たちは各地で五十分の一税を徴収している。これらは直接税であるが、ほぼ同時に間接税も考案された。一二九二年から九七年まで徴収され続けたマルトート税は、フランス史上初の間接税といわれるもので、一リーヴルの商取引につき一ドゥニエを取るという、つまりは税率約〇・四パーセントの消費税だった。

集め方によっては、これまでとは比べ物にならない金額になる。それこそ面白いように収入が増えていく。例えば一二九八年でみると、従来通りの領主収入は四十七万五千リーヴルでしかなかったが、あれやこれやの上乗せで、王が使える総収入は七十四万五千リーヴルに達している。さらに一二九九年は、領主収入は四十一万六千リーヴルと減ったのに、総収入は八十万二千リーヴルにまで増えたほどなのである。

この急な増収も、一二九五年七月にフィリップ四世が「タンプル」から国王金庫を引き揚げた理由だと思われる。すなわち、これだけ多額になった金を、これまでと同じように「タンプル」に納め続けるのか。もちろん収納するのは、テンプル騎士団に預けた国王金庫のなかなかわけだが、これだけの金を一種の担保として、馬鹿正直に常に差し出しておくというのか。すっかり金額を把握され、払えないといえば待ってもらえる借金まで、問答無用に返済させられるなら、金の自由がないのと同じことではないか。

つい憤慨してしまうというのは、まだまだ金は足りなかったからである。金貸しを営んで不人気だったロンバルディア人につき、一二九二年、一三〇九年、一三一一年とその財産を没収したり、一三〇六年には同じく不人気のユダヤ人に国外追放を宣告して、やはり財産没収を図るなど、かなりな荒業にも訴えている。それでも金は足りなかった。どこか取れるところはないかと、目の色を変えたあげくにみつけたのが、聖職者という豊満な牝牛だった。

給料を支払わなければならない軍隊は、もはや十字軍と同じというが、かつてその戦費を負担したのは教会だった。教会なら、たんまりと持っているのだ。一二九六年、フィリップ四世はフランス王国の聖職者に経済的な協力を訴えた。五十分の一税を課したわけだが、これまた吸い上げるのは自分の領地からではない。フランス王国の内だが、ことによると国王の領分にさえ含まれない。

聖職者は確かに王国の住人だったが、フランス王の臣下というわけではなかった。宮廷に呼び、役職を与え、給与を与えていれば別だが、その身分自体は王の封臣でなく、直臣《じきしん》でもなければ陪臣《ばいしん》というわけでもない。聖職者とは国際組織カトリック教会に属するもので、究極的にはローマ教皇に仕えているのだ。その聖職者に課税するなら、王は教皇の領分を侵すことになる。

ローマ教皇は怒る

事実、ローマ教皇ボニファキウス八世は一二九六年に「クレリキス・ライコス」という勅書を発して、フィリップ四世の聖職者課税に抗議してきた。険悪な空気になりかけたが、それまでの関係をいえば、両者の折り合いは決して悪くなかった。祖父王ルイ九世の列聖手続きをともに進めていたくらいであり、蜜月を壊したくないということか、ボニファキウス八世は一二九七年二月七日、「ロマナ・マテル・エクレシア」という勅書で、フランス王国における聖職者課税を、あくまで特例として認可した。ルイ九世が「聖《サン》ルイ」の名前でカトリック教会の聖人となったのは、ほどない八月十日の話である。

さらに蜜月は続く。一三〇一年二月二十八日にはボニファキウス八世の仲立ちで、王弟ヴァロワ伯シャルルとカトリーヌ・ドゥ・クールトネイの結婚が決まった。花嫁が東方のコンスタンチノープル皇帝ボードワン二世の女相続人で、教皇としては戦上手で知られる花婿に十字軍を率いさせたい、それをフランス王に後押しさせたい腹からである。再び聖地を奪還して、ゆくゆくはパレスチナの守りを任せるつもりなわけだが、当面の手駒としても酷使した。その春にヴァロワ伯は、教皇のためにトスカナに遠征することになった。

融和がなったようにみえるが、これも一三〇一年のうちには綻んだ。きっかけがパミエ司教ベルナール・セッセ事件だった。南フランスのパミエは、一二九五年に異端カタリ派を撲滅する鍵として、ラングドックに新設された司教座だった。ここにボニファキウス八世の肝煎《きもい》りで、新たに司教に叙されたのが、パミエのサン・タントワーヌ大修道院長だった教皇の子飼い、ベルナール・セッセだったのだ。

フィリップ四世の悪口を残した、あのセッセのことだが、これが口ばかりでなく、行動でもフランス王に敵対的な姿勢を示したようだ。フォワ伯やナバラ王国の貴族たちなど、地元の勢力に働きかけて、フランス王に対する反乱を企てたというのだ。フィリップ四世は陰謀罪でその身柄を拘束した。これがボニファキウス八世の逆鱗《げきりん》に触れた。

十二月五日、教皇は勅書「アウスクルタ・フィリイ」を発して、パミエ司教の即時の釈放を求め、また翌年の十一月にフランスの司教を全員ローマに召喚することにした。聖職者の主人は誰かをはっきりさせてやる、王ではないと観念したら、以後は聖職者に手を出すことも、聖職者に課税することも、すっかりあきらめてしまうことだ。それくらいの脅しだったが、教皇に一喝されて、大人しく引き下がるという選択は、フランス王フィリップ四世にはなかった。

それは譲れない戦いだった。取り組んできた新しい試みの数々は、なべてフランス王国という「国」を前面に出すものだったからだ。「国」を全てに優先させることこそ、「美男王」とその施策を支える「法律顧問」たちの突破口だったのだ。

実のところ、かねて世界の基軸は「国」ではなかった。中世ヨーロッパの主役も各国の王でなく、皇帝と教皇のほうである。前者はドイツを、後者はイタリアを拠点としたが、いずれも超国家的な権威なのだ。帝国はドイツ、フランス、イタリアに分かれた諸国を束ねるものだっ

ボニファキウス八世
写真提供：AKG / PPS通信社

たし、教会も前で述べたように諸国に広がる国際組織だった。

この皇帝と教皇がヨーロッパの主導権を争うというのが、中世ヨーロッパの主たる構図だった。かたわら「国」はといえば二義的、いや、三義的な単位でしかなかった。末端で幅を利かせていたのが領地という単位であり、フランス王も、イングランド王も、いや、皇帝であれ、教皇であれ、その実態においては、ちょっと大きな領主にすぎなかったのだ。

有給の軍隊など持ちえない所以だが、これを良しとしないフィリップ四世は、フランスという国に対する支配権を前面に出してきた。領主や城を多く持つ点の支配でなく、それらをつなぐ線の支配、つまりはネットワークによる支配でさえなく、誰の領地も彼の領地も関係なく、面で全てを支配するという発想である。

聖職者だけを例外にするわけにはいかない。ましてや、それを教皇にアルプスの向こう側からとやかくいわれたくはない。超国家的権威によって後ろに下げられるのでは、「国」が前に出てくる芽は金輪際なくなってしまうのだ。ところが、ボニファキウス八世のほうは、よりによって「教皇至上主義《ウルトラモンタニズム》」で知られる教皇だった。ローマ教皇の首位性を強く打ち出す、簡単にいえば、ローマ教皇より偉いものはないという考え方の持ち主なのだ。妥協的な態度はこちらにも皆無であり、やはり激突は必至だった。

一三〇二年四月十日、フィリップ四世はパリのノートルダム大聖堂にて、異例の聖職者集会を開催した。ローマでなく、こっちに来いというわけだ。席上、国璽尚書ピエール・フロットの演説に「王国とガリカン教会の改革」という言葉が現れるが、これがフランス国内の教会は国際組織ローマ・カトリック教会に属しながら、なお一定の自立性を保持するという考え方、いわゆるガリカニスムの最初の表明だとされる。

さておき、こうも素早く聖職者集会を実現できたのは、あらかじめ別な会合が催されていたからだった。聖職者代表のみならず、貴族代表、平民代表と集める王国三身分合同集会、後に名前が定着するところの全国三部会である。

全国三部会といえば、一七八九年にフランス革命を起こしたことで知られる代議機関だが、これを創設したのがフィリップ四世だった。諸身分の意見を聞きたいというより、諸身分の意見を聞き、そのうえで諸身分の理解と合意を得られたという大義名分を手に入れたかった、はっきりいえば、「国」の総意と称して、大々的な課税を行いたかったのだ。それは戦費集めが始まって、またぞろ戦争が始まるということでもある。

ローマ教皇と戦う

一三〇二年、フランドル戦争が再燃した。五月、伯領の都市ブリュッへの市民が駐留フランス兵を惨殺、フランス王の実効支配に反旗を翻したのだ。

フィリップ四世も遅れず派兵した。七月八日にはクールトレでフランドル諸都市の民兵隊と激突したが、これにフランス王軍は手痛い敗北を喫してしまう。アルプスの彼方から様子を窺うローマ教皇としては、まさに天の恵みである。自らの召集に応じて、フランスの司教たちも半数までがローマにやってきた。勢いづくボニファキウス八世は十一月十八日、勅書「ウナム・サンクタム」で改めて教皇権の優位を強調、フィリップ四世を弾劾《だんがい》したのだ。

フランス王の野望も、ここまでか。いや、フィリップ四世は負けじとフランス聖職者会議を召集しなおした。一三〇三年六月十三日、法律顧問ギョーム・ドゥ・ノガレはその冒頭で、ボニファキウス八世は「正統でなく異端であり、聖職売買の罪人である。罪に鈍感、その口は呪いの言葉に満ち、その指に生える獣の爪と足に生える鷲《わし》の爪は、常に血を撒《ま》き散らさんと身構えている。養うべき教会を引き裂き、貧者の財産を盗み、戦争を引き起こすのだ。平和を忌み嫌う心根を隠そうともせず、まさに預言者ダニエルがいう荒廃の像だ」と訴えた。教皇の振舞いの是非を問う公会議の召集を、決議させるためだった。

それにしても、なんだか、どこかで聞いたような台詞《せりふ》である。のっけから異端と決めつけ、その不道徳をあることないこと構わずに挙げ連ねる。この四年後の一三〇七年、テンプル騎士団に加えた口撃の原型が、ここにある。なんのことはない、フィリップ四世と法律顧問は同じ手を繰り返していたのである。

しかし、だ。この一三〇三年にフランス王は、敵のボニファキウス八世が喜び勢いづくほどの窮地にいたのではなかったか。

フィリップ四世の決断は、ローマ教皇との戦いに専念するというものだった。他とは全て和平を結ぶ。五月二十日、厄介なイングランド王エドワード一世とはパリ条約を結び、なんたることか、一二九四年から九七年までに征服した土地の全てを返還した。そのうえで七月にフランドル駐留部隊を総撤退させ、九月には諸都市と休戦を取り交わしたのだ。

テンプル騎士団の助けが得られるならばと、七月には国王金庫もパリの「タンプル」に戻していた。徴税作業をフランス巡察使ユーグ・ドゥ・パイローに頼み、いいかえれば、せっかく増えた収入まで、また担保に差し出す羽目になった。金庫を引き揚げたときの一大決心まで曲げたからには、もう中途半端には終わらせられない。

法律顧問ノガレはといえば、その同じ夏、密かにイタリアに乗りこんでいた。九月六日から七日にかけた夜、ローマ近郊アナーニの別荘に滞在中のボニファキウス八世を、千六百人の兵団で襲撃したのだ。教皇も教皇で立ち止まらず、いよいよフィリップ四世を破門すると脅していた。八日という予告だったので、それを阻止するためだった。まんまと身柄を略取したが、相手は天下のローマ教皇である。暴挙に怒ったのがアナーニの人々で、その圧力に負けて、三日後にノガレは手中の敵を解放せざるをえなくなった。

が、なにぶんにも六十八歳の老人である。十月十一日、ボニファキウス八世は崩御《ほうぎょ》した。使徒の聖座の継承者である自分に手をかけるものがいたというショック——いくら冷静になろうとしても、繰り返し襲いくる怒りと屈辱の虜《とりこ》にされた結末は、まさに憤死だったと伝えられる。それほどまでに教皇は偉かったという、時代の空気が感じられるような逸話だが、同時にフィリップ四世の新しさ、あるいは自らの正しさを疑わない強さも際立つ。ローマ教皇を畏れ多いなどとは思わない。世界の主役は今やフランス王なのだと、自負は些かも揺るがない。

新教皇

邪魔者はいなくなった。とはいえ、教皇がいなくなれば、次の教皇が選ばれるだけである。ボニファキウス八世亡きあとは、とりわけ素早く選挙が行われた。一三〇三年十月二十二日にはオスティア大司教枢機卿だったニッコロ・ボッカシーニが、ベネディクトゥス十一世として即位した。期待されたのが、フランス王家の処分だった。そのために素早く選ばれたといってよい。やりたい放題やられて、何もしないわけにはいかないのだ。

何でもできるわけではなかった。落としどころを探る新教皇は、フィリップ四世は赦《ゆる》し、ノガレだけ断罪することにした。一三〇四年七月八日に破門すると脅しながら、自身が滞在するペルージャにノガレを召喚する手続きも進めた。が、このベネディクトゥス十一世が七月七日に急死したのだ。赤痢ともいわれるが、ボニファキウス八世襲撃の前例があり、またしても破門予告の前日の話であることから、ノガレによる毒殺だったという声も高い。

落としどころなどなかった。フランス王の完全勝利しかありえない。そう突きつけられて、ローマ教皇庁は恐慌を来したか、次の教皇はなかなか選ばれなかった。十一ヶ月も空位が続いたあげく、一三〇五年六月五日にようやくクレメンス五世が即位した。ボルドー大司教を務めていたフランス人、ベルトラン・ドゥ・ゴーである。教皇といえば大半がイタリア人で、フランス人の前例がないではなかったが、やはり珍しい部類に入る。いうまでもなく、それはフランス王フィリップ四世の強力な推しあっての即位だった。

ベルトラン・ドゥ・ゴーは、南西フランスの大貴族ロマーニュ副伯家に連なるヴィランドロー家の出身で、実母イダ・ドゥ・ブランクフォールは第六代テンプル騎士団総長ベルトラン・

クレメンス五世
写真提供：Mary Evans / PPS通信社

ドゥ・ブランクフォールの姪に当たる。にもかかわらず、後に騎士たちを断罪することになる、あの教皇クレメンス五世は、こうして即位したのである。

九月十四日に教皇即位式が挙げられたが、その場所もフランスの都市リヨンだった。イタリアの年代記作者テュラ、およびヴィラーニによると、この即位式に先立ち、フィリップ四世は新教皇に要求したといわれる。アナーニ事件の赦免、ボニファキウス八世の諸勅書の破棄、親フランス枢機卿の任命、フランスにおける五年の聖職者課税と並べたあげくに、もうひとつ、まだ白紙だが、後に内容を知らせる要求も予《あらかじ》め呑《の》んでほしいと迫ったのだ。なんとも無茶な話だが、これに対するクレメンス五世の返事が「あなた様が命令すれば、そのとき私は従います」だったとされる。

真偽のほどは知れないが、事実として破門の声は二度と上がらなかった。翌一三〇六年二月二日には、ボニファキウス八世の教皇勅書「クレリキス・ライコス」と「ウナム・サンクタム」も取り消されている。教皇の側近となり、また教皇の選挙権を有するのが枢機卿だが、これもクレメンス五世は親フランスというか、フランス人ばかり任命した。

ローマにもいない。イタリアにさえ行かず、リヨン、ポワティエとフランスを転々としたあげく、少し先の一三〇九年の話になるが、アヴィニョンに定住して、そこに教皇庁を移転させた。南フランスの都市は教皇庁の飛び地だったが、フランス王の影響下にあることは否定できない。さらにヨハネス二十二世、ベネディクトゥス十二世、クレメンス六世、インノケンティウス六世、ウルバヌス五世、グレゴリウス十一世と、全部で七代の教皇が強いられた「アヴィニョン捕囚」、または「教皇のバビロン捕囚」の始まりである。フィリップ四世はローマ教皇との戦いに勝ち、それをフランス王家に従えてしまったのである。

次なる標的

もう怖いものはないと、フィリップ四世はフランドル戦争を再々開した。一三〇四年八月から連戦連勝の勢いを示し、一三〇五年六月のアティス条約で終戦したときは、フランドル諸都市に多額の賠償金を約束させ、それが全額支払われるまではリール、ドゥエイ、ベテューヌ、カセル、クールトレの諸都市を保持できると、圧倒的な優位の条件を認めさせていた。

それでもフィリップ四世と法律顧問たちの悩みはなくならない。最大の難問は依然として金であり、その金を集めるための「国」だった。聖職者から集められるようになり、また戦勝して賠償金も取り、いくらか楽になってはいたが、その分だけ従前の無茶を正さざるをえなくなる。目の前の金欲しさに繰り返したのが貨幣改鋳だったが、そのせいで王国の経済が混乱し、その是正に取り組むことを迫られたのだ。

一三〇六年六月二十四日の勅令で、フィリップ四世は「良き貨幣」の復活、つまりは金貨の金含有率をルイ九世時代の水準に戻すと宣言した。九月八日からは新グロ貨も新たに鋳造されたが、額面は同じでも直前までの貨幣は三分の二の価値しかなくなっていたというから、経済の混乱は収まるどころか、新たな問題さえ誘発する。証文だの、契約書だの、書類に明記された金額は変わらないので、実質的な借金が増える、あるいは賃貸料が高くなるといった現象が起きたのだ。貸し主というのが、領主や地主、教会といった勢力で、それらの立場を守る勅令まで十月四日に出されたから、もう庶民は黙っていない。

不満の高まりから、各地で蜂起が起きた。わけても猛威を振るったのが、十二月三十日のパリの蜂起だった。人々の怒りを向けられ、身の危険を感じるほどになるや、フィリップ四世が逃げこんだのが「タンプル」、つまりはパリにあるテンプル騎士団のフランス管区本部だった。

それは暴動ごときにはビクともしない堅城である。仮に襲撃されたとしても、「タンプル」

には常に兵士がいる。集めなければ軍隊がない王家とは違う。だから、王家の金庫も預けている。なるほど、安全この上ない場所である。よかった、ああ、本当によかったで、王の気持ちは収まったかどうか。その心にこのとき、テンプル騎士団に対して妬《ねた》みとも、憎しみとも、怒りともつかない感情が湧いたとみるのは、深読みか。

事実を追うなら、フィリップ四世は一三〇七年一月、次男のフィリップ王子をテンプル騎士団に入団させようとして、丁重に断られている。教皇に働きかけて、テンプル騎士団と聖ヨハネ騎士団の合併話を進めさせたのも、騎士団が統合された暁には、やはり息子のひとりを総長につけ、もしくは自らが総長となって、それを支配するつもりだったからとの説がある。

が、そううまくは運ばない。自分のものにできないならば、倒すしかない。テンプル騎士団こそ次なる標的だ。そう王が考えたとしても、やはり不思議というべきではない。即位前の教皇クレメンス五世に呑ませた白紙の要求とは、テンプル騎士団弾劾の許諾だったのではないかともいわれるが、そうすると前々から温めていた計略を、いよいよ実行に移すことに決めたというべきか。

邪魔、脅威、危険

フィリップ四世の立場になれば、わかる。テンプル騎士団は邪魔である。のみならず、脅威だ。ある意味ではローマ教皇以上に危険だ。ただ権威があるのみならず、実力も、権力も、しっかり持っていたからだ。

なんといっても軍事力である。前でも述べたが、テンプル騎士団では東方に騎士一千ほどと従士、トルコ式兵らから成る精鋭が、前線で戦うために常に整えられている。兵士としての質は劣るとはいえ、これに西方の各支部で城塞を守っているような騎士たち、従士たちが加わる。全て常備軍であり、もとより封建軍でなく、また傭兵隊とも別物である。土台がひとつの組織であり、ゆえに指揮命令系統がしっかり確立されていて、団結力も、集団行動の練度も高い。テンプル騎士であることにプライドを持ち、騎士団への帰属意識も高い。封建軍のように四十日でいなくならず、傭兵隊のように金の切れ目が縁の切れ目となることもない。

かかる軍団が、これまではさほどの脅威にならなかった。少なくとも精鋭は東方にいて、専らイスラム教徒と戦っていたからだ。西方は関係ない。そう高を括《くく》れるかと思いきや、いわゆる十字軍はアッコンの陥落で事実上終焉《しゅうえん》している。テンプル騎士団の兵士たちはキプロス島に本部を移し、そこで捲土重来の機会を窺っているということになっているが、実のところ、これが西方にもチラホラ姿を現すようになっていた。

例えば一二八四年、シチリア島を巡るアンジュー家とアラゴン家の争いである。シチリア王シャルル・ダンジューのために、テンプル騎士団から四人の騎士と六人の従士が戦っていたと記録がある。テンプル騎士団の戦いは、大ブリテン島でも目撃されている。イングランドとスコットランドの争い、一二九八年七月二十二日のフォルカークの戦いといえば、スコットランドの英雄ウィリアム・ウォレスの奮闘で知られ、映画『ブレイブハート』（一九九五年）でも取り上げられたものだ。この戦いにイングランド王エドワード一世の加勢として、テンプル騎士団のイングランド管区も参加していた。例の激烈な戦いぶりで、管区長ブライアン・ル・ジェイとスコットランド管区長ジョン・オブ・ソートリィまで戦死させたほどだった。

テンプル騎士団は西方でも戦っている。諸勢力の戦いに加担するようになっている。それもシチリア島や大ブリテン島といった、周辺僻地にかぎる話とは片づけられない。フランス王には関係ないと、余裕など気取れない。例えば一三〇二年のフランドル戦争、フランス王の兵士に手痛い仕打ちを加えたのが、都市ブリュッへの民兵隊だったが、これにテンプル騎士、それに聖ヨハネ騎士が、合わせて三十人ほど参加していた。テンプル騎士団としての参加でなく、ただフランドルで支部長を務めていた騎士ペーター・ウテン・ザッケがフランドル伯と親しく、その縁から皆も個人の資格で、つまりは傭兵として参戦しただけだというが、フィリップ四世としては当然納得できない。王の法律顧問ノガレも一度瞠目《どうもく》させられていた。一三〇三年九月、兵団を率いてアナーニを襲撃したところ、やはりテンプル騎士と聖ヨハネ騎士が教皇ボニファキウス八世の護衛を務めていたのだ。

未《いま》だ少数の参戦にすぎない。が、もはやテンプル騎士はイスラム教徒と戦うだけと決めつけて、安心しているわけにはいかない。全てが東方から西方に転居したらと考えると、心乱されずにはおかない。フランス王家の敵に味方されたらと想像すると、いよいよ震えが止まらない。いや、単独でもフランス王家と事を構えかねないと自戒すれば、まさしく背筋がゾッとする。ありえない話ではない。テンプル騎士団はすでに十字軍の頃から、フランス王家が相手であろうと、なんの遠慮もなかったのだ。

ファントム

精鋭は騎士一千ほどにすぎないとはいえ、兵数が足りないとなれば、テンプル騎士団だって傭兵隊を雇える。東方で度々雇い入れてきた通りであり、常備軍に加えて水増しの兵力さえ雇える。補給から支給から、後方支援も万全である。テンプル騎士団といえば、二百年も続いたアウェイの戦争を支えるために鍛えられた、その経済力も忘れるわけにはいかない。

まず確かなところ、テンプル騎士団はヨーロッパ一の地主だった。有する領地、荘園の数を比べられる者は、諸国の王や皇帝、教皇を含めて皆無なのだ。テンプル騎士団や聖ヨハネ騎士団を除けば、最大の地主がフランス王になるが、それもほぼフランス王国の内にかぎられる。騎士団のほうは国の枠に囚われることなく、諸国に土地を持てる。ヨーロッパ中に管区を設定したがゆえの、ヨーロッパ一の地主なのである。

収入はそれで頭打ちというわけでもない。教会としては十分の一税を取れる。都市での利権や商業の利益もある。王のように貨幣を改鋳できたり、王国全土に税金をかけたりはできないが、そのかわりに銀行業の上がりがあった。これがフィリップ四世と法律顧問たちが作り出した新しい財政に匹敵する、あるいは上回る収入を稼ぎ出す。これまたヨーロッパ中で営まれていたからである。

農地経営の中心であり、銀行業の支店窓口であるところの支部は、同時に城塞であることで、点と線の支配、ネットワークの支配を達成していた。諸国に広がる、いうなれば国際的な権力であるくせに、どの国でもしっかり存在感がある。フランス王のように面の支配にはならないが、税金を取る必要がないために、それを行う必要もない。

実際のところ、ネットワークによる支配で十分だった。そのほうが、かえって効率的だったりもする。近代においてイギリスやフランスはじめ、ヨーロッパ列強各国が敷いた帝国主義支配、あるいは現代においてアメリカが行使している世界支配が、ネットワークに基づいている通りだ。世界をくまなく征服して回る必要はない。世界各地に植民地を置き、あるいは植民地にするまでもなく、同盟国に自軍の基地だけ置くことができれば、もう誰も逆らうことができないのだ。

陸路主体と海路主体の違いはありながら、テンプル騎士団のネットワーク支配も同じだった。いや、より有利だ。破格の軍事力を維持するためには巨大な経済力が必要で、それを手に入れるためには、近代ヨーロッパ列強も、現代アメリカも、自分の国に頼らなければならなかった。フランス王と同じように税金を取るために、自分の国では面の支配を行わざるをえないのだが、この厄介な手間からテンプル騎士団は徹頭徹尾解放されていた。繰り返しになるが、ヨーロッパ最大の銀行として莫大な収入があったからだ。

テンプル騎士団は悠々と影響力を行使する。これが「国」を前面に出して、その支配を独り占めしたいフランス王の神経に障る。ローマ教皇のときと同じだ。いくらフランス国内でも、教会から税金を集めようとすれば、容易に許されなかった。それはテンプル騎士団の支部も同じで、その広大な農地にも王の役人は簡単には足を踏み入れることができないのだ。

無理矢理にでも入りこんで、税金を集めて回ろうものなら、そのときは争いになる。喧嘩《けんか》沙汰が乱闘沙汰になり、さらに戦闘になるかもしれない。が、テンプル騎士団の支部は城塞だ。簡単には落とせない。なんとしても落とすと軍隊を集めれば、そのときは戦争になる。テンプル騎士団が本気で立ち上がるとき、フランス王は勝てるのかと自問すれば、再び軍事力の話になる。

フランス王とて容易に手を出せないので、かねて王に追われる輩、例えば十三世紀の南フランスで隆盛を極めた異端カタリ派の信徒などが、しばしばテンプル騎士団の支部に逃げこんだという経緯もあった。王は金が集められないだけではない。実は支配に穴が開いていた。それも決して少なくない数の穴だ。返す返すも憎らしい存在感で、騎士団の管区や支部は、王のバイイ管区もしくはセネシャル管区や城塞領地に、まさに匹敵していたからだ。在地にはネットワークが二通りあったわけで、いいかえれば支配構造が二元化されていた。フランスという、自らが王を名乗る国においてだ。

これをフランス王が容認できるはずがない。容認すれば、面の支配を貫徹するなど、夢のまた夢になる。抜きん出た経済力は持てなくなるし、したがって軍事力も持ちえない。テンプル騎士団には並べない。勝てないし、争えない。

それどころか頭を押さえつけられる。金庫は引き揚げられたとしても、なお金を借りる立場なのだ。一三〇六年から〇七年にかけた時点でも、フィリップ四世は巨額の負債を、五十万リーヴルと二十万フロランと二件も抱えていたとされる。さらに四十万フロランを借りようとして、これを総長ジャック・ドゥ・モレーに止められたことが、確執の元だという説もあるほどだ。

税金も取れないし、借金もできないでは、まさに八方塞がりである。テンプル騎士団は無論のこと、これではイングランド王にすら戦争を仕掛けられない。頭を押さえつけられるというのがここで、テンプル騎士団は戦争をコントロールできる立場にあった。

利息をつけて返してもらえそうな戦争なら進めるが、逆に損失が生じると判断すれば止めさせる。あるいは勝ちそうな相手にだけ金を貸し、儲かりそうな戦争だけ許す。テンプル騎士団は、例えば神聖ローマ皇帝カール五世の栄華を支えた十六世紀のフッガー家や、その投機でナポレオン戦争を陰で操っていたとされる十八、十九世紀のロスチャイルド家のような、国際金融資本に通じる一面も有していたのだ。

仮に金を借りられて、いったんはテンプル騎士団に戦争してよいと許可されたとしても、もう止めろといわれれば、フランス王はそれに従わざるをえない。ことによるとテンプル騎士団の仲介で和平が結ばれ、その保障において条約が締結される。国際的組織、超国家的勢力といえば、テンプル騎士団は今日の国際連合のような立場にも立てた。いや、自前で軍事力、経済力を有し、国連軍だの、分担金だのを出してくれる国に気を遣わなくてよいだけ、いっそう強力な組織だ。あげくフランス王やイングランド王が、賠償金だの、身代金だのを支払う段になれば、やはりテンプル騎士団が帳簿の上で処理をするのだ。まさに掌《てのひら》のうえ、王など釈迦《しゃか》に弄《もてあそ》ばれる孫悟空にも等しい。

十字軍の二世紀間に、とんだ怪物が生まれていた。その巨大事業が終わったことを思うなら、むしろ十字軍の幽霊《ファントム》というべきか。力をなくした皇帝が名ばかりとなり、教皇の権威すら地に落ちてしまったというのに、国の王はまだ歴史の主役にはなれない。その座を争うまでもなく、ヨーロッパの支配者はテンプル騎士団のほうだ。この騎士たちが、その気になりさえすれば……。

最後のチャンス

一三〇六年暮れ、あるいは一三〇七年の初めだったかもしれないが、テンプル騎士団総長ジャック・ドゥ・モレーが東方キプロスから来着、パリの「タンプル」に入城を果たした。十二頭の馬の背に武具を積み、騎士六十人を伴わせ、さらに軽騎兵隊、歩兵隊と引き連れながら、十五万ギルダーといわれる金貨、さらに大量の銀貨を運んできた姿はといえば、少なくとも王侯さながらの派手派手しさであった。フランス王はといえば心穏やかでいられなかったろうに、この同じとき総長モレーは何を考えていたのか。テンプル騎士団は何を望んでいたのか。

そう問われれば、恐らくは何も考えていなかったと答えなければならない。せいぜいが今のままでいて、できれば十字軍を続けたいと望んでいたくらいだ。その無頓着な無為無策ぶりには驚きを禁じえないというのも、皆がそうではなかったからだ。

もう十字軍は終わりだという空気は、騎士団の間にも流れていたようである。十字軍のために作られた組織なのだと自覚があれば、なおのこと身の振り方を考えなければならないのだ。

例えばチュートン騎士団は、アッコン陥落後に本部をヴェネツィアに移した。一三〇九年、さらにマリエンブルクに移したが、それはプロイセンの都市である。プロイセンやリトアニアは未だ異教徒の世界であり、そこにキリスト教を伝える、あるいは伝えるという名目で植民を進めるというのが、チュートン騎士団の新たな身の振り方だった。打ち立てられた「ドイツ騎士団領（Deutschordensland）」は、後のプロイセン王国の元になったものである。因みに「ドイツ」というのは、「チュートン」の訛りだ。

チュートン騎士団は十字軍に代わる自分の居場所を、文字通りの場所に、つまりは土地に、それも先々国になるべき土地に求めた。聖ヨハネ騎士団も実は同じだった。アッコン陥落後、テンプル騎士団と一緒にキプロス島に引き揚げたが、そこにはキプロス王がいた。多くの土地を持つわけでなく、多くの土地があるわけでもない。島では普段から王と折り合いが悪かった。自分だけの場所がほしいと、始めたのがロードス島の征服だった。

東方の島とはいえ、イスラム教徒の土地でなく、名目上の持ち主はビザンツ皇帝アンドロニコス・パラエオロゴスである。三十年来ジェノヴァ艦隊が勝手に寄港地に使い、ほぼ無政府状態にあったのだが、これに聖ヨハネ騎士団は目をつけた。一三〇六年六月に上陸作戦を開始、年末には首都フィレルモを落とし、さらに三年の平定戦を展開したあげくに、ロードス島を自分たちの国としたのだ。

比べるほどに、テンプル騎士団には確たる展望がない。キプロス島に本部を置いて、一三〇二年までイスラム教徒と戦っているが、その間もキプロス王とは聖ヨハネ騎士団以上に激しく対立した。王ユーグ・ドゥ・リュジニャンが歓迎するわけがない。テンプル騎士団はアッコンから騎士、従士、諸々の部隊と移動させて、北からファマグスタ、リマッソル、エルマソイア、キロキティアと並ぶ各城塞に、分駐してみせたのだ。キプロス王はエルサレム王を自称するアンジュー家のナポリ王とは、かねて不倶戴天《ふぐたいてん》の敵だったが、テンプル騎士団ときたら、それに味方するような真似もする。激怒のキプロス王はリマッソルの本部を襲撃、その占拠をローマ教皇マルチネス四世に仲裁されるまで、頑として解かなかったほどである。

確執はキプロス王アンリ二世の代になっても変わらなかった。一三〇六年、キプロス豪族たちが王弟アモーリを担いで反乱の挙に出ると、これに付いたのがテンプル騎士団だったのだ。一三〇七年にはニコシアで大参事会を開催すると称して、四百人の騎士を集めるデモンストレーションを敢行したりもしている。緊張状態が続いて、キプロス島はテンプル騎士団にとっても、決して居心地よいわけではなかった。

そのせいもあって、少なからぬ騎士が西方に向かった。そのまま南フランスに独立国を建てるつもりだったという説があるが、これには確証があるわけではない。西方に総撤退した日には、国を持つどころか、国々を従える国際的な権力になれたかもしれないが、そのように決然と動き出す様子もない。

これも強者の驕《おご》りというのか、テンプル騎士団は先の展望がないままに、ズルズルと今を続けるだけだった。もちろん、自分に挑戦してくる者がいようなどとは、夢にも考えやしない。ここに、つけいる隙があった。テンプル騎士団に危機感がない今こそ、フランス王には最後のチャンスというわけなのだ。

さらに好都合なことに、空気も変わり始めていた。それも強者たることの証か、テンプル騎士団は嫌われていた。誰が嫌うといって、まずは聖職者だった。テンプル騎士団が在地の司教裁治権から独立して、自らの権威を恐れる素ぶりもないことが許しがたく感じられたし、のみならず十分の一税を免除され、目の前にある広大な土地から一リーヴルも取れないことが、いよいよ納得ならなかった。というのも、免税特権は東方聖地で戦うからといって、与えられたものなのだ。

まだ戦っていると打ち上げるのはテンプル騎士団だけであり、十字軍の時代などは誰の目にも終わっている。免税特権は理屈に合わないと唱えれば、王侯貴族や領主たちも寄進した領地を返せと声を合わせた。先祖が領地や付随する諸々の権利を分けてやったのは、東方での戦争のためであって、それが終われば返すのは当然ではないかと、収入の目減りを余儀なくされた輩は、やはり無理を捻《ね》じこもうとした。馬も具足も武器も準備できる富があるのに、自分たちとは違って誰に軍役を負うわけでもないという点も、また歯がゆく感じさせた。なんだかんだで王も貴族も、かつてないほど窮していたのだ。

庶民もテンプル騎士団を嫌った。それが持つ巨大な権益のせいで、しばしば生活が圧迫されていたからだ。農村の年貢や十分の一税も、都市の入市税や売買税、あるいはテンプル騎士団の不動産を借りていれば、その家賃にしてみたところで、取られるほうにすれば高い。仕方がないといえば仕方がない。まっとうな努力であるなら、テンプル騎士団は責められない。そうまで譲って、なお金貸しで儲けていることだけは許せなかった。しごく便利であるからには、ついつい銀行から借りてしまうが、それも返す段になれば、憎らしくて仕方なくなる。本来キリスト教徒に認められた営みではないのだと、できれば面罵したくなる。

ところが、テンプル騎士たちは怖くもあった。騎士団の巨大な力を笠に、普段から傲慢な言動が目につくようにもなっていた。大酒飲みを揶揄《やゆ》するのに「テンプル騎士のように飲む」なる言い回しがされたくらいであれば、素行の悪い連中も少なくなかった。それが男ばかりの僧院に戻るや、罰当たりな振る舞いに耽《ふけ》っているらしいと聞こえてくれば、面白半分の冗談でも、故意の悪意による中傷でも、思わず本気にしてしまう。少なくとも以前のようには、神聖不可侵とはみなされない。

フランスに先がけて、実はイングランドで動きがあった。フィリップ四世と同時期のイング

エドワード一世
写真提供：Alamy / PPS通信社

ランド王エドワード一世といえば、一二七七年、さらに八二年から八四年にかけて行われたウェールズ征服で有名である。が、戦費不足に悩むのは変わらなかった。遠征は成功したものの、いざ帰還しても兵士に給金を払えない。

一二八三年、側近のウェルラン卿と兵士を伴わせながら、エドワード一世が向かった先がテンプルだった。預けていた母の宝石をみたいのだと口実して、まんまと建物のなかに入ると、テンプル騎士団の金庫を壊して一万ポンドを強奪、兵士に支払うためにウィンザー城に持ち帰っている。

息子のエドワード二世も同じだった。フランス王フィリップ四世の娘婿で、舅がテンプル騎士団を罠にかけると、それを非難してのけたイングランド王だが、それも一三〇七年七月の即位からほどない頃、寵臣ピアーズ・ガヴェストンとテンプルに乗りこむと、銀貨で五万ポンドを強奪し、ついでにチェスター司教が預けていた金や宝石まで頂戴している。世俗の権力者が乱暴な処断に出ても、それが許されるような空気は確かに流れていたという証左である。

第三部　テンプル騎士団事件——後編

差し押さえ

かくてテンプル騎士団は、一三〇七年十月十三日の金曜日を迎えた。

フランス王フィリップ四世は、フランス各地の一斉検挙をもって、テンプル騎士たちの身柄を拘束した。牢獄のなかで拷問にかけ、無理にも異端の罪を自白させたという件は、以前に触れた通りである。それと同時に進めたのが、テンプル騎士団が有した財産の差し押さえだった。

この王と法律顧問たちが手を出さないはずがない。それが第一の狙いでなかったとしても、手控えるはずがない。前例もある。そのときは逮捕でなく追放から始まったが、速やかな財産の差し押さえは、金融業で知られたロンバルディア人、ユダヤ人に対して、すでに実行した通りなのだ。

パリの「タンプル」には、フィリップ四世自身が足を運んだといわれる。何がみつかったかといえば、これがよくわかっていない。というより、わからないように、意図して記録を消したのだろう。ほぼ推測になってしまうが、あえて述べれば、まず王の金庫が置かれていた。預けなおしていたのだから当然だが、これはテンプル騎士団の検挙後もそのまま動かされなかった。一三一三年一月九日の勅令で、タンプル金庫とルーヴル金庫の二金庫体制になったが、やはり廃止はされなかった。堅固な城塞は金庫の保管に、よほど適していたのだろう。

余人の金庫も預けられていたに違いない。諸侯や貴族、大ブルジョワたちも、王と同じに現金や宝石、貴金属を託していたからだ。それらは預け主に返されたのか、それとも王がちゃっかり自分の金庫に移したのか、やはり詳《つまび》らかにはなっていない。

全く遠慮しなかったと思われるのが、テンプル騎士団の金庫である。フランス管区本部の金庫でしかないが、「タンプル」はかねて西方における金融業の中心となってきた場所である。数々の事業で稼いだ現金、日々の様々な出費のための現金のみならず、貸し出しのための現金も相当額が置かれていたはずである。ロンドンの「テンプル」でさえ、常時十五万フロランの現金をプールしていたというから、それを下回る金額ではなかっただろう。

現金だけではない。一三〇六年の暮れに訪れたとき、総長ジャック・ドゥ・モレーはキプロス島の本部から、騎士団の宝物も運びこんでいたといわれる。これまた詳細は不明だが、事実であれば宝石や貴金属に加えて、聖遺物なども含まれていたはずだ。

キリストや諸聖人ゆかりの品々、茨の冠だとか、着衣だとか、あるいは肉体の一部だとか、そういうものを崇《あが》める習慣が今もカトリック教会に残る。かかる聖遺物のひとつが、トリノの聖ヨハネ大聖堂に保管されている聖骸布《せいがいふ》、つまりは磔刑の十字架から下ろされた、キリストの遺体を包んでいたとされる布だ。聖骸布の存在を確認した最初の記録が一三五七年、フランス、シャンパーニュ地方にあったリレ教会でのことで、そのときの持ち主が騎士ジョフロワ・ドゥ・シャルネイの未亡人だった。このジョフロワ・ドゥ・シャルネイが、テンプル騎士団のノルマンディ管区長、同名のジョフロワ・ドゥ・シャルネイの甥であることから、トリノの聖骸布もテンプル騎士団が東方から持ち帰った宝物だったのではないかとの説がある。

話を戻そう。あと「タンプル」でみつかるとすれば文書の類だが、なかでも借金証文となると、テンプル騎士団が銀行業を営んでいたことなど嘘であるかのように、綺麗に跡形もなくなっている。いうまでもなく、少なからずを借りていたフランス王が、一番に破棄したのだ。後世には断片的な情報しか残らず、騎士団の金融の実態をもっと詳しく知りたいと思う歴史家を、今日まで悩ませている所以である。

フランス王が押さえたのは「タンプル」だけではなかった。一斉検挙と同じように、各地の支部でも財産の差し押さえは進められた。銀行の窓口業務を行う支店であれば、そこにも金庫があり、一定額の現金があったはずだが、これも王家の役人たちが押収したと思われる。各支部にあったのは現金だけではない。というより、支部そのものが農地、草地、牧場、森、池、風車、竈等々を備えて、収益を生み出す装置だった。

パリの「タンプル」にしても、押さえて活用できるのは金庫を置いて安心という堅固な城塞だけでない。一番に挙げられるべきは、むしろセーヌ河右岸の広大な農場のほうなのだ。フィリップ四世は管財人を送りこみ、畑に種が蒔《ま》かれたか、飼葉《かいば》や農作物はきちんと収納されているか、葡萄は残らず摘み取られ、また上手に剪定《せんてい》されているかと、各支部で押収した物件を丁寧に管理させた。テンプル騎士団が雇っていた労働者も引き続き働かせ、もう王は自分の領地として懇《ねんご》ろな経営に乗り出した感もある。しかし、だ。

前にみたように、これにはローマ教皇が介入してきた。テンプル騎士たちが検挙された理由というのが、異端の嫌疑だったからだ。それは宗教上の罪であり、取り扱いの権限は、いうまでもなく教会にある。テンプル騎士団には免属特権があり、在地の司教裁治権からは独立していたが、それはローマ教皇が直に管轄するという意味で、なお世俗の権力であるフランス王の管轄にはならないのだ。

時の教皇クレメンス五世は、確かにフィリップ四世のいいなりだった。王の望みに反することを、好んでするわけではない。拷問の所産であるとはいえ、自白が得られれば、すすんでテンプル騎士団に関する勅書「パストラーリス・プラエエミネンティアエ」を出して、諸国の王侯にフランス王と足並を揃える処断を命令したりもしている。フランス王に逆らう気など毛頭ないが、それとこれとは話が違うというのである。

裁判の長期化

ローマ教皇クレメンス五世は自ら裁く姿勢を示し、フィリップ四世にテンプル騎士たちの身柄引き渡しを求めた。それは前に述べた通りだが、実は同時に押収財産の引き渡しも求めていた。フランス王はといえば、身柄の引き渡しには応じた。それも後にみるように渋々だったが、財産の引き渡しに関しては完全に拒絶した。せっかく手に入れたのに、大人しく渡してなるものかと、まるで駄々っ子の態度であるが、かかる無法な振る舞いが、そのまま通用するとも考えていなかった。

一三〇七年の暮れにかけて、美男王と法律顧問たちはパリ大学に諮問した。教授たちの評議会に、七か条の問い合わせを行ったのだ。一、君主は異端を裁けるか。二、修道会であるテンプル騎士に手を出せるか。三、得られた自白で有罪にできるか。四、入会秘儀は事実と考えられるか。五、罪を認めない輩をいかに扱うか。六、押収した騎士団の財産は誰に属するか。七、押収した財産を十字軍に使用するなら、管理するべきは誰か。

以上のような設問に、パリ大学は一三〇八年三月になって、以下のような回答を与えた。一について、教会の要請がないかぎり君主は異端を裁けない。二について、修道会であるテンプル騎士は教会に属する。三について、教会が得た自白でなければ有罪にできない。四について、入会秘儀は捏造《ねつぞう》と考えられる。五については三、四の回答により明らか。六そして七について、テンプル騎士団の財産は信仰の防衛と聖地への助力のために使用されるべきもので、その管理もかかる目的を最もよく遂げられる者により公正に行われるべきである。

答えは、全ての点において否定的、よくて曖昧だった。やはりといえば、やはりの結果だ。フランス王家の手法は、パリ大学という公平な、やや王家よりでさえあったかもしれない第三者からみても、あまりに乱暴、あまりに強引、あまりに非常識だったのだ。無抵抗で逮捕されたテンプル騎士たちの態度、こんな暴挙が罷り通るわけがない、早晩正されざるをえないという確信は、それとして的外れなものではなかったといえる。

クレメンス五世にすれば、味方を得た格好だ。フランス王が立てた異端審問官ギョーム・ドゥ・パリの職権を剝奪し、テンプル騎士団は教皇庁で裁くと身を乗り出したが、フィリップ四世のほうは三月二十五日、それならばと全国三部会の召集を宣言した。五月十一日から二十日まで、ロワール河畔のトゥールで開かれたそれは、フランス王による裁きを支持した。王の独断でなく、万民の希望なのだと突きつけながら、乗りこんだのが同じロワール河畔のポワティエであり、そこに置かれていた教皇宮殿だったのだ。

圧力をかけられれば、クレメンス五世は強くは出られない。テンプル騎士団から押収した財産を引き渡せとも要求できない。身柄の引き渡しとて形ばかりだった。六月二十七日、ポワティエに移送されたテンプル騎士は、たったの七十二人だった。いや、騎士というか、多くが従士で、支部長も何人かいたが、管区長、さらに巡察使、総長と数えられる幹部は、ひとりもいなかった。もちろんクレメンス五世は質《ただ》した。移送中に具合が悪くなったので、幹部たちはシノンに置いてきたというのが、フランス王家の返答だった。白々しいにも程がある。ひとを馬鹿にするにも限度がある。腸《はらわた》が煮えくり返る思いだが、フィリップ四世には逆らえない。それでもローマ教皇の体面なりは守らなければならない。

八月にかけて、教皇クレメンス五世は苦渋の選択をした。ひとつには八月十二日に勅書「ファキエンス・ミゼリコルディアム」を発布して、テンプル騎士は各地の司教の権限下で裁かれることを命じた。その特別法廷は参事会員二人、ドミニコ会士二人、フランシスコ会士二人で構成されたが、被告の身柄は引き続き王の管理下に置かれる。

形としては教会の裁判になったが、王が手を引くわけでもない。あるいは共同作業というべきか。押収財産も共同管理とされ、王側、教皇側から同数の管財人が派遣されることになった。事実上はフランス王家の占拠が続く。要するにフランス王家が主導する異端審問なのである。クレメンス五世としては、屈辱的といえるほどの大きな譲歩だった。

かわりに獲得したのが、テンプル騎士団の幹部たちを尋問する機会だった。八月十七日から二十日にかけて、シノンにフレドル、シュイジー、ブランカッチオの三枢機卿を送り、一説には密かに自ら面会したともいわれるが、いずれにせよ教皇の権限で総長ジャック・ドゥ・モレー以下の数人を取り調べた。それは手を引かないという意思表示でもあった。

譲歩はしても、完全に引き揚げることはない。引いてしまえば、もはやローマ教皇ではない。いや、異端審問を俗人に丸投げするなら、もう聖職者の名にさえもとる。同時期に決断したのが、教皇庁のアヴィニョン移転だった。フランス王の影響下にありながら、その根拠地であるパリやロワール河畔からは遠い。南フランスの都市は実は微妙な位置であり、移転は教皇として最低限の体面と自立性を保つための、まさに苦肉の策だったのだ。

ゴリ押しするフランス王、体裁にこだわるローマ教皇、かかる両者の綱引きで、裁判は長期化の様相を呈した。囚われのテンプル騎士たちにすれば、どうでもいい話だ。ただ裁判の長期化は、無抵抗で逮捕された騎士たちに、反攻を決意する時間を与えた。そのまま有罪にされてたまるものかと、少なくとも一部の有志たちは、拷問によって強いられた自白を否定するようになった。

司教区特別法廷での審問が進められるかたわら、教皇庁特別法廷が改めて組織された。ナルボンヌ大司教ジル・エースラン、マンド司教ギョーム・デュラン、バイユー司教ギョーム・ボネ、リモージュ司教レイナール・ドゥ・ラ・ポルトらが選任されて、一三〇九年十一月からパリで審問を始めた。そこに呼び出されると、総長モレーからして曖昧な態度や焦点をずらした証言で、やんわり前言を否定した。続くパイヤン支部長ジジィにいたっては、自白は拷問によって強いられたものだと、その不公正をはっきりと非難した。

翌一三一〇年二月から三月にかけては、各司教区で裁かれていたテンプル騎士たちも、証言を希望する者は全てパリに召喚されることになった。フランス王の代官たちにより移送されて、約六百人がやってきたが、そのなかで弁護団も組織された。テンプル騎士で、聖職者でもあり、教皇庁検事を務めたピエトロ・ディ・ボローニャ、同じくテンプル騎士で、やはり聖職者に叙品されていたオルレアンの支部長、ルノー・ドゥ・プロヴァン、さらにギョーム・ドゥ・シャンボネ、ベルトラン・ドゥ・サルティージュの四人である。

教皇の手に縋《すが》るようなテンプル騎士たちの巻き返しを横目に、フランス王とて手を拱《こまぬ》いてはいなかった。フィリップ・ドゥ・マリニィ、つまりは法律顧問アンゲラン・ドゥ・マリニィの弟を新しくサンス大司教につけると、五月十一日にパリでテンプル騎士たちを裁く特別評議会を主宰させたのだ。パリ司教区はサンス大司教区の下部管区であり、そこに勾留される被告を裁く上位権は、サンス大司教にあった。評議会は集まった約六百人のうち、五十四人のテンプル騎士について、「再堕落《ルラプス》」を宣告した。

実のところ、難しい裁判だった。異端審問では自白の撤回自体が罪になるからだ。そこは「懺悔すれば許される」のカトリックであり、異端の事実を認め、素直に悔い改めるならば、罪の程度は軽いとされる。カトリック教会と「和解《レコンシリエ》した者」と認定され、無罪放免になるのである。悔い改めなければ、より重い罪とされ、終身禁固が宣せられる。最悪なのは、いったん過ちを認め、悔い改めの道を選んでおきながら、その前言を翻して、再び異端に戻る輩で、この「再堕落」に認定されれば、もはや救いようはないとして、死刑、それも火刑を免れない。

サンス大司教の処断に慌てたのが、教皇庁特別法廷だった。急ぎ処刑の延期を求めたが、大司教には完全に無視されて、五十四人のテンプル騎士たちは翌五月十二日、判決通りパリ城外サン・タントワーヌ僧院近くの野原で火刑に処された。

難しい裁判であれば、まして弁護が欠かせない。それこそ自白の無効から始めるような、巧みな弁護が欠かせないのだが、このとき弁護団は行方不明になっていた。プロヴァン、シャンボネ、サルティィージュはほどなく発見されたが、ボローニャは二度と現れず、恐らくは牢内で謀殺されてしまったのだろう。弁護を取り上げるとすれば、教皇庁特別法廷だけなわけだが、それを主宰するナルボンヌ大司教も何故か、ほどなく逐電してしまっている。サンス大司教を止める者はいなかった。

四日後の五月十六日、サンス大司教は同じく「再堕落」の罪で、さらに四人のテンプル騎士を火刑に処した。すでに亡くなっていた「タンプル」の財務官、ジャン・ドゥ・トゥールについては、その遺体を掘り起こして、一緒に焼くことまでした。同じような処断は、サンリス、カルカソンヌ、そして再びパリと続いた。

ヴィエンヌ公会議

一三一一年十月十六日、ローマ教皇クレメンス五世はヴィエンヌ公会議を開催した。全ヨーロッパから司教以上の高位聖職者、全部で百十四人を集めて、故ボニファキウス八世の断罪とテンプル騎士団の処分を議論するためだった。フィリップ四世の要請であることは明白だが、フランス王の圧力から逃れようとした苦労の跡も窺える。ヴィエンヌはドーフィネ地方の都市で、今日でこそフランス南東部になるが、当時はドーフィネ侯という独立の諸侯がいて、厳密にいえば神聖ローマ帝国領、つまりはドイツだったのだ。

テンプル騎士団を巡る議論は、その裁判に弁護人を置くべきか、自己弁護させてよいか、自己弁護が認められないなら騎士たちに代理人を指名させてよいか、それとも教皇が弁護人を指名するか、等々に焦点が絞られた。ノーウィッチ司教に仕えたイングランド人ヘンリー・フリーキーによれば、「フランス王の顧問会議に属する五、六人を除く全て」の高位聖職者が、テンプル騎士たちの自己弁護を認めたという。これまでの異端審問の結果にも疑義が差し挟まれ、テンプル騎士団の処分についての公会議としての決議は出さないことにもなった。

クレメンス五世は胃が痛い。決然とテンプル騎士団に手を差しのべる勇気がないなら、かたや公会議、かたやフランス王の間で、板挟みになるだけだからだ。フィリップ四世は、すぐ西のリヨンまで来ていた。そこで一三一二年一月十七日に開催したのが、またしてもの全国三部会だった。テンプル騎士団の断罪あるべしと決議させ、こちらは民意の看板を押し出しながら、ヴィエンヌにも、二月十七日にはノガレ、プレージアン、マリニィら法律顧問が、三月二十日にはフィリップ四世自身が乗りこんできた。リヨンには千五百人とも二千人ともいわれるテンプル騎士が、公会議に身を委ねるべく移送されてきていたが、こちらはヴィエンヌには連れていかれず、それどころか元の牢獄に戻されるばかりだった。

フランス王の圧力は決定的だった。公会議は決議を避けたので、クレメンス五世が教皇勅書として出さざるをえなくなったが、三月二十二日の「ウォクス・イン・エクセルソ」で決めたのが、テンプル騎士団の解散だった。これは、よい。フィリップ四世の思惑通りの結末である。が、五月二日の「アド・プロウィダム」では、テンプル騎士団の財産は聖ヨハネ騎士団に移譲されることが決められた。フランス王のものにはならない。そこまでの出鱈目《でたらめ》は許さない。かくてクレメンス五世は面目を保ったが、フランス王はどうか。

その決定をフィリップ四世も受け入れた。聖ヨハネ騎士団への財産移譲を、自ら教皇に求めたともされている。テンプル騎士たちを勾留護送した経費を補償しろと聖ヨハネ騎士団に迫り、一三一三年には金貨で二十万リーヴルを払わせているが、それで足れりと満足したわけでもない。

裁判の長期化で、テンプル騎士団の逮捕から、すでに五年である。この間に美男王と法律顧問たちは、テンプル騎士団の財産を最大限に利用した。のみならず、容易《たやす》く自分のものにできるわけではないと悟るや、方針を変えていた。早ければ一三〇九年頃から、王は支部の動産全てを現金化しようとしていたのだ。

例えばシャンパーニュのパイヤン支部では、王家の管財人トマ・ドゥ・サヴィエールが、倉庫の貯蔵品、家畜、馬、農具、果ては台所用品、家具、寝具、礼拝堂の装飾品にいたるまで、全て売り払っている。雇っていた労働者は全て解雇した。コタンタンのヴァルカンヴィル支部には風車があったが、そこでは大羽根から大臼、屋根瓦まで売り払い、建物ごと解体される勢いだった。聖ヨハネ騎士団に引き渡されたときは、さしものテンプル騎士団の豊かな財産も、ほぼ搾り滓《かす》のようなものしか残されていなかったのだ。

いや、引き渡しもスムーズに行われたとはいいがたい。例えば、ピレネ山麓ではリウーの国王検事ジェラール・デュフレーが、差し押さえたプレーニュ城塞を占拠したまま、聖ヨハネ騎士団の引き渡し要求に応じようとしなかった。かねて王家がテンプル騎士団との間で共同領主権を設定していたので、元々半分は王家のものであり、引き渡し物件には該当しないというのが、その主張だった。

屁理屈を捏《こ》ね回してまで、絶対に手放さない。フィリップ四世としては、とりあえずの落しどころを設けたのみであり、然るべき機会に今度は聖ヨハネ騎士団を潰すつもりだったともいわれるが、それは果たされなかった。

火刑

クレメンス五世は一三一二年十二月二十二日、テンプル騎士団の幹部の訴訟に関する全権を、フレオーヴィル、ドーク、ノヴェッツリの三枢機卿に与えた。アヴィニョンで最後の審理を行うつもりだったともされるが、パリに送られた三人は土台がフランス王に近い聖職者たちだ。そのままパリで結審となるのは、火をみるより明らかだった。

さらに一年──一三一四年三月十一日、ノートルダム大聖堂の前庭において、テンプル騎士団の幹部たちの最終審理が行われた。公開審理であり、衆目にさらされたのは、総長ジャック・ドゥ・モレー、フランス巡察使ユーグ・ドゥ・パイロー、ノルマンディ管区長ジョフロワ・ドゥ・シャルネイ、ポワトゥー・アキテーヌ管区長ジョフロワ・ドゥ・ゴンヌヴィルの四人だった。三月十八日、サンス大司教フィリップ・ドゥ・マリニィに付き添われて、三人の枢機卿は判決を申し渡した。四人とも量刑は終身禁固だった。しかし、だ。

ジャック・ドゥ・モレーとジョフロワ・ドゥ・シャルネイの二人は立ち上がった。群衆が注視するなか、大きな声で述べ立てることまでした。

「騎士団は神聖である。その規則は神聖で、正しく、普遍の価値がある。我々は咎められるべき過ちも、異端の罪も犯してはいない。我々に罪があるとすれば、それは唯一命を惜しんで、嘘の自白をしてしまったことだけだ」

自白を覆せば、「再堕落」で火刑に処される。モレーとシャルネイも例外にはならなかった。シテ島の西端、今日のポン・ヌフのあたりにあったジャヴィオー島に火刑台が設置され、二人はその日のうちに処刑された。

「死に臨んで我は誓おう。教皇クレメンスを四十日のうち、王フィリップを一年のうち、ともに神の裁きの前に引き出してやる」

焼かれながら、総長モレーは叫んだともいわれるが、これは少し出来すぎていて、作り

火刑の様子
写真提供：Bridgeman / PPS通信社

話の感が強い。

事実をいえば、ローマ教皇クレメンス五世はほどない四月二十日に死んだ。患っていた癌《がん》が理由といわれている。十一月二十九日には、今度はフランス王フィリップ四世が崩御した。こちらは十一月四日に卒中の発作を起こしていて、やはり死因に不自然なところはない。それはそうなのだが、すでにノガレも死に、政争でマリニィも殺され、フィリップ四世の三人の息子たちも、フランス王に即位しては次から次へと亡くなって、遂にはカペー朝の断絶という事態にまで陥るので、やはりテンプル騎士団の呪いなのだと騒がれても、それは仕方ない話である。

おわりに

テンプル騎士たちはどうなったか

テンプル騎士団は解散、その財産は聖ヨハネ騎士団に移譲され、総長モレー、ノルマンディ管区長シャルネイも処刑された。もう、お終《しま》いだ。そうやって嘆いてみるが、全てのテンプル騎士が死に絶えたというわけではなかった。

そういうと、『スター・ウォーズ』のジェダイの騎士、ヨーダやオビ＝ワンのようにひっそりと隠れ暮らしたように思われそうだが、史実のテンプル騎士たちは、なんというか、もっと大っぴらに生き残りを果たした。

総長、ノルマンディ管区長と一緒に判決を下されたフランス巡察使パイロー、ポワトゥー・アキテーヌ管区長ゴンヌヴィルなども、「再堕落」しなかったので、終身禁固で罪が確定している。実は終身禁固まで下された騎士たち自体は少数派で、カトリック教会と「和解した者」として釈放された騎士たちのほうが、多数派だった。フランス国内でさえそうだったのだから、フランス王家の圧力や教皇の命令で渋々ながらテンプル騎士たちを逮捕、その異端審問に手をつけた国々においては、もはや推して知るべしである。イタリアでみると、フランスの親王アンジュー家を王に頂くナポリ王国や、教皇クレメンス五世に直属するローマこそ、フランスと似たような状況だった。が、ラヴェンナ、リーミニ、ファーノの司教たちの下では「和解した者」が多いどころか、有罪の証拠なしとして、無罪の判決を出されたテンプル騎士が少なかった。ロンバルディアでは保護と支援が公言されていたほどだ。

ドイツでも地域で温度差があり、例えばマクデブルク司教ブルクハルトなどはテンプル騎士団に対する強硬姿勢を貫き、ドイツ管区長フリードリヒ・フォン・アルフェンスレーベンはじめ、多くのテンプル騎士たちを有罪としている。ところが、マインツ大司教ペーター・フォン・アスペルトは、その諮問会議においてグリュムバッハ支部長ユーグ・ドゥ・サルム以下、二十人のテンプル騎士に弁明の権利を認めたし、トリア大司教の諮問会議は証拠不十分として、こちらでも無罪の判決を下している。

スペインに目を転じると、ここでもフランスの王太子ルイが王であるナバラ王国は、フランスと変わらなかった。アラゴンでは王が教皇による一三〇七年十一月の逮捕命令に従わざるをえなくなるや、テンプル騎士たちは堅固な城塞であるいくつかの支部に籠城して、これに抵抗する構えを示した。アラゴン管区長レンダこそ、立て籠もるペンシコラ支部が陥落して、早くに逮捕されることになったが、モンソン支部は一三〇九年五月まで、アスコ、カンタヴィエハ、ヴィレル、カステローテ、チャラメラが七月まで抗戦し、これをアラゴン王が軍事的に攻め落として、ようやっと逮捕となった。異端審問も行われたが、それでも一三一二年十一月四日に出された裁判では、証拠不十分で誰も有罪とされなかった。拷問を用いて自白を引き出せと、タラゴナ大司教やヴァレンシア司教には教皇から司令が来たが、これに従わなかったこともある。カスティーリャやポルトガルでは、速やかに逮捕、異端審問と進められたが、やはり最後にはほとんどのテンプル騎士が無罪とされている。

イングランドだが、エドワード二世も教皇の命令を受けたあと、一三〇七年十二月二十日になって、ようやく全土の州長官にテンプル騎士の逮捕命令を出している。捕らえるや、ロンドン塔、ヨーク城、リンカーン城、カンタベリー城など王家の城塞に幽閉したが、この措置がなんともゆるかった。例えば、一三〇八年一月に逮捕されたイングランド管区長、ギョーム・ドゥ・ラ・モールである。カンタベリー城に収監されたが、おともに二人のテンプル騎士がつくことを許され、各々の従士、従僕を引き連れて、監禁というより軟禁の待遇だった。いや、それさえ強いられず、五月二十七日には釈放となった。七月には生活のためと、テンプル騎士団の所領七箇所が与えられた。他の多くの支部長も召喚されるまで各支部に戻ってよしとされたのだから、十一月に再び呼び出されるときまでには、テンプル騎士のほとんどは逐電していた。

赤十字の衣装を脱ぎ、猛々《たけだけ》しい髭《ひげ》を剃《そ》り、市井の人々に紛れたり、国外に逃亡したりで、そのまま自由の身となったのだ。

かろうじて身柄を確保した騎士については、異端審問が行われたが、これも振るうものではない。一三〇九年九月十三日に教皇特使の裁判が始まり、ロンドン、ヨーク、リンカーンの三箇所で尋問も行われたが、やはり自白は得られなかった。教皇の圧力でイングランドでは拷問も行われたらしいが、フランスほど過酷なものではなかったとみえて、効果は限定的だった。何人かは異端の罪を告白、有罪とされたものの、それも「和解した者」とされて、釈放されるというのが落ちである。

最後に本部が置かれていたキプロス島だが、ここでは一三〇八年六月に逮捕が始まり、八十三人の騎士と三十五人の従士が身柄を拘束された。動いたのがキプロス王アモーリ二世だったが、かねて味方についてもらった感謝の気持ちからか、異端審問もやはり大半が無罪とされて終わっている。

やはり多くが生き延びた。が、そのテンプル騎士たちは、その後どうなったのか。元が戦士にして修道士という二面性を持つ存在だったが、向後の身の振り方を決めるにあたっては、そのいずれかを選ぶことにした者もいた。すなわち、還俗《げんぞく》して傭兵となる者あり、修道士として別の修道院に身を寄せる者あり。今さら選べないという者もいて、その手合いは戦士にして修道士のまま、他の騎士団に移籍したようだ。聖ヨハネ騎士団の支部は、テンプル騎士団のそれと同じにヨーロッパのいたるところにあり、所属すればロードス島の本部に行くこともできた。ドイツ管区やハンガリー管区の騎士たちは、チュートン騎士団に入りなおすことが多かった。

イベリア半島の騎士団も、テンプル騎士たちの受け皿になった。カラトラバ騎士団、サンティアゴ騎士団、アルカンタラ騎士団と、そもテンプル騎士団の影響のもと、それを手本に設立された騎士団が多かったのだ。イスラム教徒と常に対峙する土地では、騎士団が未だ存在意義を失っていなかったことも大きい。イベリア半島では新しい騎士団さえ作られた。モンテサ騎士団は一三一七年、アラゴン王がテンプル騎士たちのためにローマ教皇の認可を得て、ヴァレンシアにわざわざ新設したものである。

ポルトガルの場合は、テンプル騎士たちの受け皿が作られたというより、事実上テンプル騎士団が残った。ポルトガル王ディニス一世は国内にあるテンプル騎士団の財産を、聖ヨハネ騎士団に移譲することを拒んでいた。四年にわたる交渉で新教皇ヨハネ二十二世を説得し、一三一八年、そのままの支部にそのままテンプル騎士たちを置いて、ただ名前を「我らが主イエス・キリストの騎士団（Ordem dos Cavaleiros de Nosso Senhor Jesus Cristo）」と変えさせたのだ。

通称「キリスト騎士団」だが、翌年の三月十五日に就任した初代総長ジル・マルティンスは、騎士たちを率いて北アフリカに遠征し、「モーロ人」と呼ばれるイスラム教徒と戦っている。

一三五六年には本部をアルガルヴェから、かつてのテンプル騎士団のポルトガル管区本部が置かれたリスボン北の都市トマールに移している。まさしく復活である。

キリスト騎士団の総長は、ポルトガル王の忠臣か、さもなくば王子たちから選ばれた。一四二〇年に就任したのが、ジョアン一世の三番目の王子エンリケこと、歴史にいう「エンリケ航海王子（Henrique o Navegador）」である。有名なサグレスの航海学校は、実のところ騎士団の破格の富を用いて建てられたものだった。エンリケは騎士団の艦隊を擁して、北アフリカでイスラム教徒と戦いながら、同時に探検航海にも着手した。一四一八年にはマデイラ諸島、一四二七年にはアゾレス諸島、一四五六年にはヴェルデ岬を発見し、それらを植民地化するとともに、アフリカ西岸を南下していく新航路を開発したのだ。

さらに喜望峰を回り、インド航路を開拓したのがヴァスコ・ダ・ガマだが、この船長も実はキリスト騎士団の騎士だった。コロンブスは義父がキリスト騎士団の総長を務めており、その関係でキリスト騎士団所蔵の海図や航海日誌を参照できたといわれている。三隻の帆船でアメリカ大陸を発見した一四九二年の航海にも、キリスト騎士団に属する航海士が同行した。新大陸の発見は、ある意味ではキリスト騎士団の力で、つまりは元を辿ればテンプル騎士団の力で行われたものなのだ。

余談ながらキリスト騎士団は、白マントに赤十字という制服も、テンプル騎士団のままだった。その艦隊も白い帆布に赤十字を描いた。映画やドラマのワンシーンとしても、しばしばみかける印である。インド、ブラジル、日本にも来たポルトガル船が、テンプル騎士団の印を掲げていたのは、こうした経緯からである。

世界史的というか、スケールの大きな話になった。が、それもテンプル騎士団の末と思えば、逆にスケールが小さいというべきなのか。キリスト騎士団の偉業も、ポルトガル王に服属し、ポルトガルという国の利益のために行われたものだからだ。フランスでフィリップ四世の国に倒されてしまったように、ポルトガルでも国に従わされている。ロードス島の聖ヨハネ騎士団、プロイセンのチュートン騎士団などは、自ら国になることを目指したが、それは国を超えた存在になれなかったと、自ら敗北を宣言したようなものだ。ただひとつ国と並び立ち、諸国の王侯を従える感さえあったテンプル騎士団は、やはり葬り去られてしまったのである。

リターン・オブ……

勝者は国であり、それを支配する王侯だ。歴史の歩みは、いわゆる絶対王政の興隆へと舵《かじ》を切る。が、かかる仕組みはときとして、暴君とか、専制君主とか呼ばれる、苛烈な支配者を出現させる。それを悪だと打倒して、民主主義の社会を作り、共和政治を敷いたとしても、やはり国の為政者はいる。決まって善政を敷くとも約束のかぎりではない。「ジェダイの帰還（Return of the Jedi)」を待望する『スター・ウォーズ』の世界ではないが、誰か超絶的な力を持ち、悪を懲らしめてくれるヒーローはいないものかと、ついつい待望してしまう。そうすると欧米圏の人々は、歴史の彼方に忽然と消えてしまったテンプル騎士団のことを、しばしば思い出すようである。

テンプル騎士団は滅んでいないという伝説が残るのも、かかる気持ちの表れか。一三〇七年十月十三日に先がけて、総長ジャック・ドゥ・モレーはフィリップ四世の一斉逮捕の企てを知っていた、という件から始まるものが多いが、そこで甥のボージュー伯にテンプル騎士団の秘密と財宝を託し、逃げ延びたボージュー伯が生き残りを集めて総長を継いだ、騎士団は密かに存続したのだというのが、有名なストーリーのひとつである。

もうひとつがフランス管区長ジェラール・ドゥ・ヴィリエルの話で、やはり十月十三日の直前にパリを脱出したという。異端審問にかけられた騎士たちが証言しているのだが、このときフランス管区長は二百五十頭の馬に小山の荷を積んで、四十人の騎士と一緒に「タンプル」を後にすると、どの港からかは不明ながら、十八隻のガレー船に分乗して、どこかに出航したというのだ。

テンプル騎士団が誇る艦隊については、フランス王なり、その他の者なりが差し押さえたという記録もなく、確かに歴史の謎になっているのだが、ここから広げてテンプル騎士団の財宝も持ち出されていたのだとか、艦隊はスコットランドに上陸して、騎士たちはその後スコットランド王ロバート・ブルースに仕えたとか、さらにアメリカ大陸に渡って、合衆国の建国に関わったのだとか、様々に論じられている。

十九世紀、ナポレオン一世の帝政下に突如現れ、「テンプル騎士団」を率いてみせたベルナール・レイモン・ファブレ・パラプラというような人物もいる。自分はジャック・ドゥ・モレーの正統後継者なのだと打ち上げたのみならず、十四世紀の大元帥デュ・ゲクラン、十六世紀の提督シャボー、将軍デュラス、十七世紀のコンデ親王、同じくコンティ親王、十八世紀の元帥コセ・ブリサックと並べて、歴代総長の系図まで仕立てる手の込みようだった。

もはやフィクションの域であるが、かかる神話で最も有名なのは、フリーメイソンかもしれない。近代フリーメイソンは一七一七年六月二十四日、ロンドンにグース・アンド・グリドアイアン、クラウン、アップル・トゥリー、ラマー・アンド・グレイプスの四つのロッジ（支部）が集まり、グランド・ロッジを創設、アンソニー・セイヤーをグランド・マスターとして発足した結社である。「フリーメイソン（石工組合）」と称し、それが中世に遡る起源なのだともいわれるが、当時のメンバーに石工はひとりもいなかったという事実を、ひとまず気に留めておいてほしい。

友愛と理神論、合理主義と神秘主義、そして平和を奉じる紳士たちの結社は、十八世紀のう

フリーメイソンの紋章
写真提供：Granger / PPS通信社

ちにフランスにも伝わった。一七三六年からスコットランド儀式派を広めたのがアンドリュー・マイケル・ラムゼーで、これがフリーメイソンとテンプル騎士団を結びつけた最初の人物である。いわく、フリーメイソンは十字軍士によって創始された。かかる原初のメンバーが東方における必要から設立したのが、騎士修道会であり、テンプル騎士団だったというのだ。

一七五四年にはボンヌヴィルという人物が、スコットランド儀式派のなかにクレルモン参事会を作る。そのクレルモン参事会から分かれたのがフォン・フント男爵で、一七六〇年、かわりに立ち上げたのがテンプル厳修派だった。この男爵の語るところによると、オーヴェルニュ管区長だったピエール・ドーモンは、一三〇七年十月十三日の一斉逮捕を逃れ、二人の修道院長、五人の騎士と一緒にスコットランドに渡った。そこでスコットランド管区長ジョージ・オブ・ハリスらと落ち合い、ともにテンプル騎士団を存続させることにした、一三一三年六月二十四日に総会が開かれ、ドーモンが新たな総長に選ばれたが、未だ猛威を振るう異端審問に引き立てられないよう、騎士団の全員が石工（メイソン）に変装した。これがフリーメイソンの始まりなのだ、というのである。

名前はアンベール・ブランと違うが、当時のオーヴェルニュ管区長が逮捕を逃れたことは史実だ。スコットランドでなくイングランドだったが、海を渡った記録もある。イングランドで逮捕され、異端審問にかけられているからで、スコットランドでテンプル騎士団を存続させ、それがフリーメイソンに発展したという件となると、これは明らかに史実と異なる。が、かなり惜しいところを衝《つ》いていて、十八世紀の当時には本当らしく聞こえただろうことも想像に難くない。フォン・フント男爵の後継者がブラウンシュヴァイク公爵で、組織の名前をテンプル厳修派から修正スコットランド儀式派に変えたが、そこでは「テンプル騎士」という位階を設定して、あたかも関連は既成事実であるかの体を整えている。

同じフリーメイソンでも他派となると、テンプル騎士団との関わりなど論じていない。ただ超国家的な組織のありかたとか、アンチ異端審問、アンチ専制君主の姿勢などは相通じるものがあり、これらがテンプル騎士団はフリーメイソンになったという神話が市民権を得た理由のひとつだろう。直接的なつながりはないながら、心ではつながっているというか、その精神、信条、教義、秘儀を継承していると称する団体、教団、新興宗教の類となると、アメリカのジャック・ドゥ・モレー協会や、一九九四年十月にスイスとカナダで集団自殺事件を起こした太陽テンプル教団はじめ、全世界で百を超えているとされる。

まあ、心が大事であることは否定しないが、テンプル騎士団がそれだけの存在ではなかったこと、秘密結社や新興宗教団体を超えて非常な力を有したことも、我々はみてきている。はじめは少し胸躍るような、存続だの、後継だの、復活だのの話を聞くたび、やっぱりリターンなど考えられないと思い知らされる。テンプル騎士団は空前絶後の存在だったのだと、増して痛感されるばかりである。

それはヨーロッパ初の常備軍であり、ヨーロッパ一の大地主であり、ヨーロッパ最大の銀行だった。城塞であり、農場であり、銀行窓口でもあるような支部をヨーロッパ中に張り巡らせる、超国家的な組織だった。相応の権力も振るいえた。中世の国連といってみるが、比べられない潤沢な資金と強力な軍隊を、それも自前で持っていた。必ずしも理念としての平和を押し進めたわけではないからには、あるいは国際金融資本がアメリカ軍を持っていたようなものと形容するべきか。

うまく譬えようもないくらい、返す返すも歴史に唯一無二の存在である。その途方もない可能性だけを示して、テンプル騎士団はあっけなく滅びてしまったのである。

参考文献

佐藤彰一『剣と清貧のヨーロッパ——中世の騎士修道会と托鉢修道会』中公新書、二〇一七年
篠田雄次郎『テンプル騎士団』講談社学術文庫、二〇一四年
山内進『北の十字軍——「ヨーロッパ」の北方拡大』講談社選書メチエ、一九九七年
佐藤次高『イスラームの「英雄」サラディン——十字軍と戦った男』講談社選書メチエ、一九九六年
橋口倫介『十字軍騎士団』講談社学術文庫、一九九四年
堀米庸三『西洋中世世界の崩壊』岩波全書、一九五八年
キャサリン・アレン・スミス、井本晌二・山下陽子訳『中世の戦争と修道院文化の形成』（叢書・ウニベルシタス　1009）法政大学出版局、二〇一四年
ジャン・ド・ジョワンヴィル、伊藤敏樹訳『聖王ルイ——西欧十字軍とモンゴル帝国』ちくま学芸文庫、二〇〇六年
アラン・サン＝ドニ、福本直之訳『聖王ルイの世紀』文庫クセジュ、二〇〇四年
ジョルジュ・タート、池上俊一監修、南條郁子・松田廸子訳『十字軍——ヨーロッパとイスラム・対立の原点』（「知の再発見」双書30）創元社、一九九三年
ジャック・ル・ゴッフ、渡辺香根夫訳『中世の高利貸——金も命も』（叢書・ウニベルシタス　279）法政大学出版局、一九八九年
レジーヌ・ペルヌー、橋口倫介訳『テンプル騎士団』文庫クセジュ、一九七七年

新改訳聖書刊行会『聖書　新改訳』日本聖書刊行会、一九七三年
セシル・モリソン、橋口倫介訳『十字軍の研究』文庫クセジュ、一九七一年

Addison, C., *The History of the Knights Templar*, Los Angeles, 2016.
Aubarbier, J.L., *La France des Templiers: Sites, histoire et légendes*, Bordeaux, 2007.
Bacquart, J.V., *Mystérieux Templiers: idées reçues sur l'ordre du Temple*, Paris, 2013.
Barber, M., *The Trial of the Templars*, Cambridge; New York, 2006.
Barber, M. and Bate, K., *The Templars*, Manchester; New York, 2002.
Bordonove, G., *La vie quotidienne des Templiers au XIIIe siècle*, Paris, 1990.
Bordonove, G., *Les Templiers: Histoire et tragédie*, Paris, 1977.
Carraz, D., *Les Templiers et la guerre*, Clermont-Ferrand, 2012.
Chevalier, M.A., *La fin de l'Ordre du Temple*, Paris, 2012.
Claverie, P.V., *L'ordre du Temple dans l'Orient des Croisades*, Bruxelles, 2014.
Crochet, B. and Perrin, T., *Commanderies et villages templiers en France*, Rennes, 2012.
Delisle, L., *Mémoire sur les Opérations Financières des Templiers*(*1889*), Paris, 2010.
Demurger, A., *Jacques de Molay: Le crépuscule des templiers*, Paris, 2002.
Favier, J., *Philippe le Bel*, Paris, 1978.
Fresnel, M.D.du, *Clément V*(*1264-1314*)*: Le pape gascon et les Templiers*, Bordeaux, 2014.

Gobry, I., *Le procès des Templiers*, Paris, 1995.
Haag, M., *The Templars: History & Myth*, London, 2008.
La Croix, A.de, *Les Templiers. Chevaliers du Christ ou hérétiques?: la clef de l'énigme*, Paris, 2014.
Lamy, M., *Les Templiers:leurs mœurs, leurs rites, leurs secrets*, Paris, 2001.
Lauxerois, R., *Vienne au crépuscule des templiers*, Grenoble, 2014.
Le Roulx, J.D., *Documents concernant les Templiers: extraits des archives de Malte*, Nîmes, 2011.
Leroy, T., *Les Templiers: Légendes et histoire*, Paris, 2007.
Martin, S., *The Knights Templar: the History and Myths of the Legendary Military Order*, Harpenden, 2004.
Miguet, M., *Templiers et Hospitaliers de Bure: Histoire et rayonnement d'une commanderie bourguignonne*, Langres, 2012.
Pernoud, R., *Les Templiers: Chevaliers du Christ*, Paris, 1995.
Pernoud, R., *The Templars: Knights of Christ*, San Francisco, 2009.
Rastoul, A., *Les Templiers, 1118-1312, -Primary Source Edition,* Paris, 2014.
Read, P.P., *The Templars: the Dramatic History of the Knights Templar, the Most Powerful Military Order of the Crusades*, New York, 2009.
Sanello, F., *The Knights Templars: God's Warriors, the Devil's Bankers*, Lanham, 2003.
Schenk, J., *Templar Families: Landowning Families and the Order of the Temple in France, c.1120-1307,*

Cambridge, 2012.

Upton-Ward, J.M., *The Rule of the Templars: the French Text of the Rule of the Order of the Knights Templar*, Woodbridge, 2008.

本書は、「青春と読書」（集英社）内の連載『テンプル騎士団』（二〇一六年十月号～二〇一八年三月号）を加筆・修正したものである。

図版作製／MOTHER

佐藤賢一（さとう けんいち）

一九六八年山形県生まれ。山形大学教育学部卒業後、東北大学大学院文学研究科で西洋史学を専攻。九三年『ジャガーになった男』で第六回小説すばる新人賞を受賞。九九年『王妃の離婚』で第一二一回直木賞を受賞。二〇一四年に『小説フランス革命』（全一二巻）で第六八回毎日出版文化賞特別賞を受賞。『英仏百年戦争』『フランス革命の肖像』（集英社新書）など著書多数。

集英社新書〇九四〇D

テンプル騎《き》士《し》団《だん》

二〇一八年七月一八日　第一刷発行

著者……佐《さ》藤《とう》賢《けん》一《いち》

発行者……茨木政彦

発行所……株式会社集英社

東京都千代田区一ツ橋二-五-一〇　郵便番号一〇一-八〇五〇

電話　〇三-三二三〇-六三九一（編集部）

〇三-三二三〇-六〇八〇（読者係）

〇三-三二三〇-六三九三（販売部）書店専用

装幀……原　研哉

印刷所……大日本印刷株式会社　凸版印刷株式会社

製本所……加藤製本株式会社

定価はカバーに表示してあります。

ISBN 978-4-08-721040-8 C0220

Printed in Japan